KB041964

평화를 그리는 147인의 비폭력 투쟁

세상 모든 시사 카툰

LE DESSINS DE PRESSE DANS TOUS SES ÉTATS
© Editions Gallimard / Cartooning for Peace, Paris, 2016
CHAEK-SE-SANG for the Korean language edition.

Published by arrangement with Editions Gallimard though Sibylle Books Literary Agency, Seoul.

이 책의 한국어판 저작권은 시빌에이전시를 통해
프랑스 Gallimard 출판사와 독점 계약한 도서출판 책세상에 있습니다.
저작권법에 의해 한국 내에서 보호를 받는 저작물이므로 무단 전재 및 무단 복제를 금합니다.

평화를 그리는 147인의 비폭력 투쟁

세상 모든 시사 카툰

Le dessin de presse dans tous ses États

liberté
égalité
fraternité

카투닝 포 피스 지음
박아르마 옮김

책세상

볼리간Boligán(멕시코)

1. '전 세계의 시사만평' 심포지엄에서 나온 그림에는 *를 표시했다.

2. 모든 각주는 옮긴이 주다.

목차

평화를 위해 그림을 그리다

플랑튀 Plantu
'카투닝 포 피스' 협회장

2015년 1월 7일. 《율랜츠포스텐Jyllands-Posten》의 무함마드 풍자화 사건[1] 이후, 폭풍우가 2005년부터 위협하더니 《샤를리 에브도Charlie Hebdo》[2]를 덮쳤다. 형제의 끔찍한 죽음은 우리에게 위안을 준 1월 11일 공화주의자들의 행진과 수많은 지지 메시지, 경의의 표시 이상의 것을 요구했다. 그들의 죽음은 단지 표현의 자유가 아니라 자유 그 자체의 정면 공격을 입증했다.

'카투닝 포 피스' 팀은 팔레스타인과 이스라엘에 있는 '카투닝 포 피스'에 동조하는 만화가들을 찾아내기 위한 예루살렘의 임무에서 돌아와서 '이 세상에 밀려드는 불관용과 폭력의 쓰나미에도 연대하는 힘을 계속 찾기 위해 무엇을 할 것인가?'를 고민하며 극심한 고통에 사로잡혔다.

우리는 레지스 드브레Régis Debray[3], 앙투안 갈리마르Antoine Gallimard[4]와 대화를 나누고 문화, 종교, 지역 사이에서 확인한 단절의 인상과 의문을 공유하면서 국제적인 만남을 다급히 조직할 필요를 느꼈다.

그 작업은 2015년 9월에 시작할 예정이었다. 표현의 자유, '전 세계의 시사만평'이라는 주제의 국제 심포지엄을 경제, 사회, 환경 이사회를 위한 아카데미 프랑세즈라는 형식으로 파리에서 개최했다. 우리는 장 폴 들르부와이에Jean-Paul Delevoye[5]를 의장으로 맞았다.

---

1 2005년 덴마크 일간지 《율랜츠포스텐》은 무함마드가 자살 폭탄 테러범들에게 "그만! 이제 처녀들이 다 사라졌어!"라고 외치는 만평을 실었다. 이후 세계 각국의 덴마크 대사관들이 보복 공격을 받았다.

2 2015년 1월 7일, 이슬람 근본주의자인 테러리스트가 프랑스의 풍자 신문 《샤를리 에브도》를 급습했다. 이 사건으로 12명이 사망했고, 같은 달 1월 11일 수백만 명의 시민들이 거리로 나와 '나는 샤를리다'라는 구호를 외쳤다.

3 드브레(1940~)는 프랑스의 작가이자 철학자이며 체 게바라와 혁명 운동을 한 경력이 있다. 대표작에 《이미지의 삶과 죽음Vie et mort de l'image》이 있다.

4 갈리마르(1947~)는 프랑스 갈리마르 출판사의 대표이자 편집자이다.

5 들르부와이에(1947~)는 프랑스의 정치인으로 국회의원과 장관을 역임했다.

플랑튀(프랑스)

정치가, 신학자, 철학자, 법률가가 심포지엄에 호응했다. 특히 전 세계에서 온 '카투닝 포 피스'의 시사만평 회원은 그들의 싸움과 그들이 겪은 압력과 위협, 그들이 양심을 일깨우기 위한 작업에서 스스로 정한 역할을 증명해보였다. 심포지엄 후 우리는 자유를 위한 투쟁을 그 어느 때보다 추구해야 하는 상황에서(그 자유는 연필로 얻을 수 있다) 또 다른 비극적 사건과 직면했다.

다양한 그림을 두고 격렬한 의견 교환과 열정적인 논쟁이 오간 그 날부터 하나의 발자취 이상의 것을 간직해야 했다. 그런 시민적인 성찰이 오늘날 언론의 신문지상에서 구체화되고 있기 때문이다. 우리는 그 안에서 시사만평가, 즉 사상의 선동가들이 제기한 글과 그림으로 이루어진 본질적인 문제를 재발견할 것이다.

이 책의 출간은 협회의 10주년을 기념한다. 2006년에 우리는 '카투닝 포 피스'를 설립했다. 이 협회는 '불관용을 잊고', '평화를 위해 그림을 그리는 것'을 돕기 위해 당시 유엔 사무총장이었던 코피 아난Kofi Annan과 공동 발의해 설립된 것이다. 147명의 시사만평가들의 국제 조직이 언론의 자유와 인권을 위해 싸운 지 10년이 되었다. 협회가 직업적 일을 수행하면서 위협받거나 어려운 상황에 놓인 만화가들을 보호하고 도움을 준 지 10년이 되었다.

만남의 광장이자 장소인 '카투닝 포 피스'는 학교와 그 밖의 곳에서 교육 활동을 하며 젊은이들과 대화를 나누고 있다. 종종 거칠고, 다른 의견을 받아들이지 않고, 이해가 부족한 대화를 나누기도 한다. 이 대화는 시사만평이 사회적 불만을 고발하는 데 얼마나 중요한지를 환기하고 젊은이들을 이해시키는 데 필수적이다. 만평은 웃음을 불러일으킬 수 있기 때문에 더 효과적이다. 그것은 유익하고 희망으로 가득 찬 웃음이다.

“자유를 위한 투쟁은 연필로 이루어지기도 한다.”

플랑튀
‘카투닝 포 피스’ 협회장

담배중독
건강에 해로운 밤

살라피즘(이슬람 근본주의-옮긴이)
세속주의에 해로운 밤

플랑튀(프랑스)

민족주의
난민자들의 위기

브렉시트

바도Vadot(벨기에)

"표현의 자유는 모든 인류의 기본권이다. 그것은 유럽연합이 수호한 가치의 중심에 있다. 어느 나라도 이 기본권을 인정하지 않거나 보장하지 않고는 유럽연합에 가입할 수 없다."

장 루이 빌

유럽위원회 관할권, 민주주의, 인권 문제 책임 부서장

“우리가 반역자들과 어긋난 시선, 어긋난 말을 화해시키는 곳이 광장이고, 그곳이 민주주의의 힘과 결합을 만들어낸다.”

장 폴 들르부와이에

경제, 사회, 환경 이사회 전 의장

시뮐뤼스Chimulus(프랑스)

“샤르브, 카뷔.”
“다음 일에 대해 소식을 알려줄게.”
“티그누? 오노래? 확실해?”
빠르게 잘 그린 스케치[6]

편집국
“사실 만화가들이 죽을 때마다 관심을 끌었지.”

6 샤르브, 카뷔, 티그누, 오노래는 풍자 만화가들이다. 이들은 2015년 1월 7일 풍자 신문 《샤를리 에브도》 테러 당시 사망했다.

대량 살상 무기
대량 오락 무기

키치카Kichika(이스라엘)

"모든 권력은 대항 세력에 의해 균형을 이루어야만 한다. 미치광이 왕과 만화가는 무절제와 남용을 제한하기 위한 중요 요소들이다."

장 폴 들르부와이에

경제, 사회, 환경 이사회 전 의장

“조용히 해주시기 바랍니다!”
표현의 자유에 관한 강연

믹스 앤 리믹스Mix & Remix(스위스)

“우리가 중요하고 확실한 것으로 생각하는 것에 대해, 말하자면 우리의 공동의 삶이 토대를 두고 있는 가치에 대해 질문할 시간도 위험도 더는 없으므로 우리는 쇠약해져 결국 죽습니다.”

크리스티안 토비라
전 법무부 장관

**“언론의 자유는 모든 자유 중 가장 민감하다.
풍자만화의 자유는 언론의 자유에 예술을 덧붙인 것이다.
그것은 사회에 대한 대단히 신랄한 시각이자
압축과 차이를 만들어내는 능력이기도 하다.”**

크리스티안 토비라

전 법무부 장관

욥 베르트람스(네덜란드)
Joep Bertrams
‘완전히 자유로운’

아레스(쿠바)

상태 보고서

옛날 옛적에…
풍자만화가 있었다

오래된 이야기인 풍자화는 프랑스에서 종교전쟁과 함께 시작되었고, 드레퓌스 사건으로 끝나지 않았다. 시사만평은 모든 우리 프랑스 공화국들의 역사와 함께했다.

장-노엘 잔느네 Jean-Noël Jeanneney

정치, 문화, 미디어 역사가

풍자만화의 영향력이 급속히 증가하는 것과 다른 한편 만화가의 표현의 자유와 그들에게 가해지는 정치적, 사회적 압력 사이에서 관계의 급락과 급상승을 반복하는 특징 사이에는 대단히 인상적인 대조가 있다.

풍자만화의 영향력은 만화가 극히 제한된 사람들을 독자로 두었던 먼 옛날부터 오늘날의 디지털 문화에 이르기까지 그 영향력을 확대하고 있다. 디지털 시대에 이르러 만화는 즉각적으로 전송됨으로써 절대적인 보편성을 획득했다. 동시에 우리는 부여된 자유의 급락과 급상승의 반복적 특징을 확인했다. 즉 표현의 자유가 항상 행사되는 것은 정치적, 사회적 규제와의 관계에 관한 역사 자체이기도 하다. 또한 공권력과의 관계에서 급락과 급상승을 반복하는 특징이 나타나기도 한다. 역설적으로 극심한 사회적 혹은 정치적 긴장의 시기는 자유의 어떤 형식을 종종 느슨하게 한다. 16세기 종교개혁 지지자들과 가톨릭교도들의 대립은 우리에게 조롱하는 능력을 키워주었다. 루카스 크라나흐Lucas Cranach[1]는 암퇘지를 타고 가면서 똥 덩어리를 축복하는 교황을 그렸다…. ☞ 18쪽 그림01 그 후 자유는 절대군주제의 출현으로 축소되었다. 즉 '희화화된 초상화'의 대가 베르냉Bernin[2]은 프랑스에 와서 풍자 그림을 그리는 것에 대단히 조심했다. ☞ 18쪽 그림02

'희화화된 초상화'라는 표현은 흥미롭다. 그 표현은 우리가 옹호하고 표현하고 싶은 것의 모든 힘을 내포하기 때문이다. 그것은 우리가 좋아하지 않는 사람들을 반대하는 풍자이자 동시에 발포 준비가 된 총을 장전하는 것이기도 하다. 그 힘이 가장 완전한 형태 속에서 풍자화의 표현을 풍부하게 해준다.

18세기에 이르러 풍자화는 다시 활력을 되찾는다. 반혁명과 마찬가지로 프랑스

---

1 크라나흐(1472~1553)는 독일 크로나흐 출생의 화가이다. 종교화를 그렸으며 종교 개혁운동의 지지자였다.

2 조반니 로렌초 베르니니Giovanni Lorenzo Bernini(1598~1680)는 베르냉으로도 불린다. 바로크 시대 로마의 조각가이자 건축가였다.

01
루카스 크라나흐(1472~1553),
'암퇘지를 타고 가는 교황',
마틴 루서의
<교황권의 이미지>에 게재된
목판화(1545).

02
베르냉(1598~1680),
'시피오네 보르게세 추기경의 풍자화', 1630.

대혁명 관련한 풍자화 화보는 보기 드문 폭력성으로 충격을 주었고, 오늘날의 만화가에게도 그 표현 양식 탓에 정신적인 타격을 주었을 것이다. 집정정부 기간, 제정과 왕정복고 시대에 풍자화는 억압당했다. 1830년의 혁명은 샤를 10세의 입헌 권력의 행사에 이어 터졌다. 특히 샤를 10세의 왕령은 언론 자유의 중지를 예상케 했다. 루이 필리프Louis-Philippe는 퇴위한 샤를 10세의 자리를 차지했다. 그는 일시적으로 언론과 그림의 자유를 회복시켰다. 그래서 7월 왕정의 시작은 여러 재능이 개화된 시기인데, 예를 들어 풍자 신문《풍자화La Caricature》의 성공과 배 모양으로 변신한 왕을 그린 편집장 샤를 필리퐁Charles Philipon의 등장으로 표면화되었다. '배'는 그림이나 인물을 통해 구체화되며 신비로운 기법의 본보기로 자리한다. 배는 사람들의 태도와 욕구불만, 열망 속에서 어느 순간에 형성될 수 있는 여론을 구체화하여 보여준다. 그 이미지가 그 당시에 의미심장하게 기억 속에 남았다. 물론 오노레 도미에Honoré Daumier와 그의 유명한 그림 <1834년 4월 15일, 트랭스노냉의 거리Rue Transnonain, le 15 avril 1834>의 학살을 인용해야 한다.☞ 그림03 1834년 4월 14일, 파리 민중봉기 때 트랭스노냉 거리 12층에서 군인들에게 발포가 이루어졌다.

그 사건의 보복으로 건물 거주자들이 학살되었다. 사건은 필리프가 1830년에 자신의 모든 약속을 저버리면서 민중봉기를 가혹하게 진압한 시기에 일어났다. 여러분은 이 그림에서 살해당한 소시민을 보고 있는데, 그의 몸이 죽

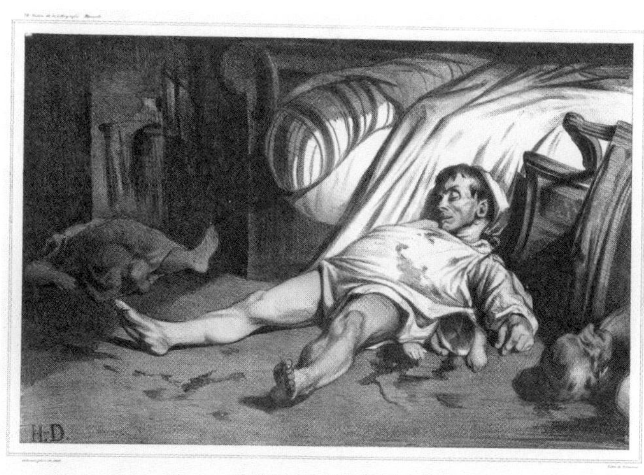

03
오노레 도미에(1808~1879), <1834년 4월 15일, 트랜스노냉의 거리>, 《월간 연합L'Association mensuelle》의 석판화, 1834년 7월.

은 아이를 피로 물들이며 짓누르고 있다. 이 그림의 메시지는 분명하다. 단번에 생각이 떠오를 것이고 보는 즉시 이해가 될 것이다.

1880년부터 1914년까지, 프랑스 풍자만화의 황금기를 강조할 필요가 있다. 의회와 상원에 있었던 1881년 7월 29일의 언론법에 관한 사전 토론은 오늘날의 우리의 관심사와 가까운, 대단히 흥미로운 논쟁을 불러일으켰다. 프레펠Freppel[3] 예하처럼 법정에서 국가는 참을 수 없는 공격에서 종교를 보호해야 한다고 말한 사람들과 클레망소Clemenceau와 같이 신성이 있다면 스스로 자신을 지킬 수 있을 정도로 강해야 한다고☞21쪽 그림05 대답한 사람들 사이에서, 우리는 신성모독의 권리에 관한 일체의 질문을 재발견한다.

1881년의 법은 당시 어떤 이웃 국가들도 알지 못했던 자유주의적인 측면을 보여주었다. 그 결과 반교권주의자들이 모든 종교에 대항해 거세게 일어났다. 예를 들면 1904년 5월 7일, 프랑수아 쿱카François Kupka가 기획한 《라시에트 오 뵈르L''Assiette au Beurre》 특별호가 나왔다.☞20쪽 그림04 그의 믿기 어려운 폭력성에 놀란 나는 이슬람과 가장 엄밀한 형태로서의 유태교, 기독교에 반대하는 그의 혈기에 대해 말하려 했다. 하지만 반교권주의자들의 움직임에는 일신교와 다신교를 비롯한 모든 종교가 관련되어 있다.

---

3 샤를 에밀 프레펠Charles-Émile Freppel(1827~1891)은 프랑스 앙제 지방의 주교이자 국회의원이었다.

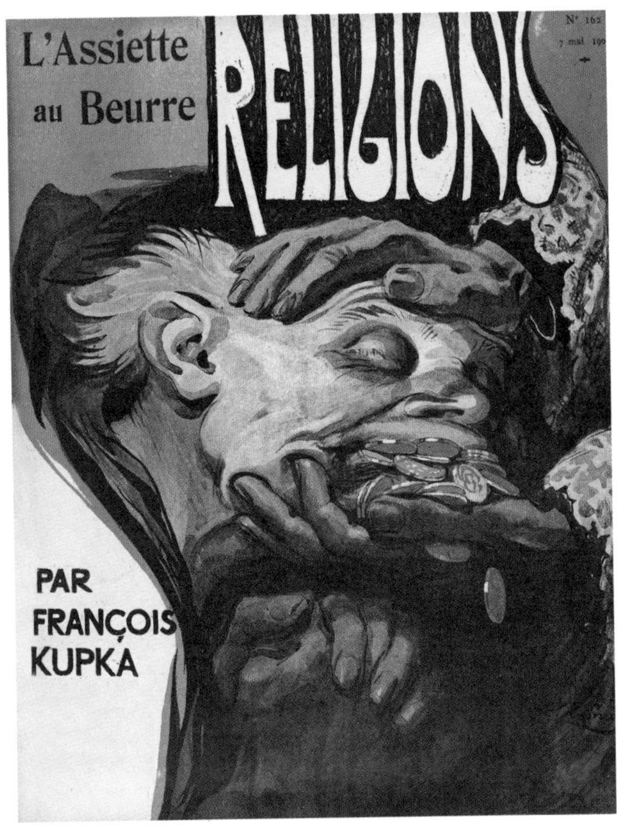

04
프랑수아 쿱카(1871~1957),
《라시에트 오 뵈르》,
종교 주제에 관한 특별 호,
1904.

동일한 《라시에트 오 뵈르》는 흑인들과 아랍인들에 대항하여 식민지의 인종차별주의 역시 고발한다. 열등하다고 여겨진 민족의 탄압에 맞선 분노는 대단한 위력을 갖는다.

절대적인 이 자유는 필연적으로 인종주의 문제에 이르렀다. 이 관점에서 보면 드레퓌스 사건은 할 수 있는 모든 것과 모든 무절제를 드러냈다. 1940년까지 유대인 배척주의는 유대인들에게 근거 없이 부여된 신체적 특징에 관한 끝없는 변이와 더불어 구토를 불러일으키는 그림들을 만들어낼 것이다. 편집국이 독일로 도피하기 전 잡지의 마지막 호로 출간된 《나는 어디서나 존재한다Je suis partout》의 스타 만화가인 랄프 수포Ralph Soupault[4]의 그림처럼 말이다. 클레망소의 협력자이자 중요한 인물인 조르주 망델Georges Mandel

4 랄프 수포(1904~1962)는 프랑스의 만화가이며 주간지 《나는 어디서나 존재한다》에서 활동했고 정치적으로는 반유대주의, 반공산주의를 추종했다.

"알라는 무함마드를 혼자서도 지킬 만큼 위대해…."
"알아들었어?"

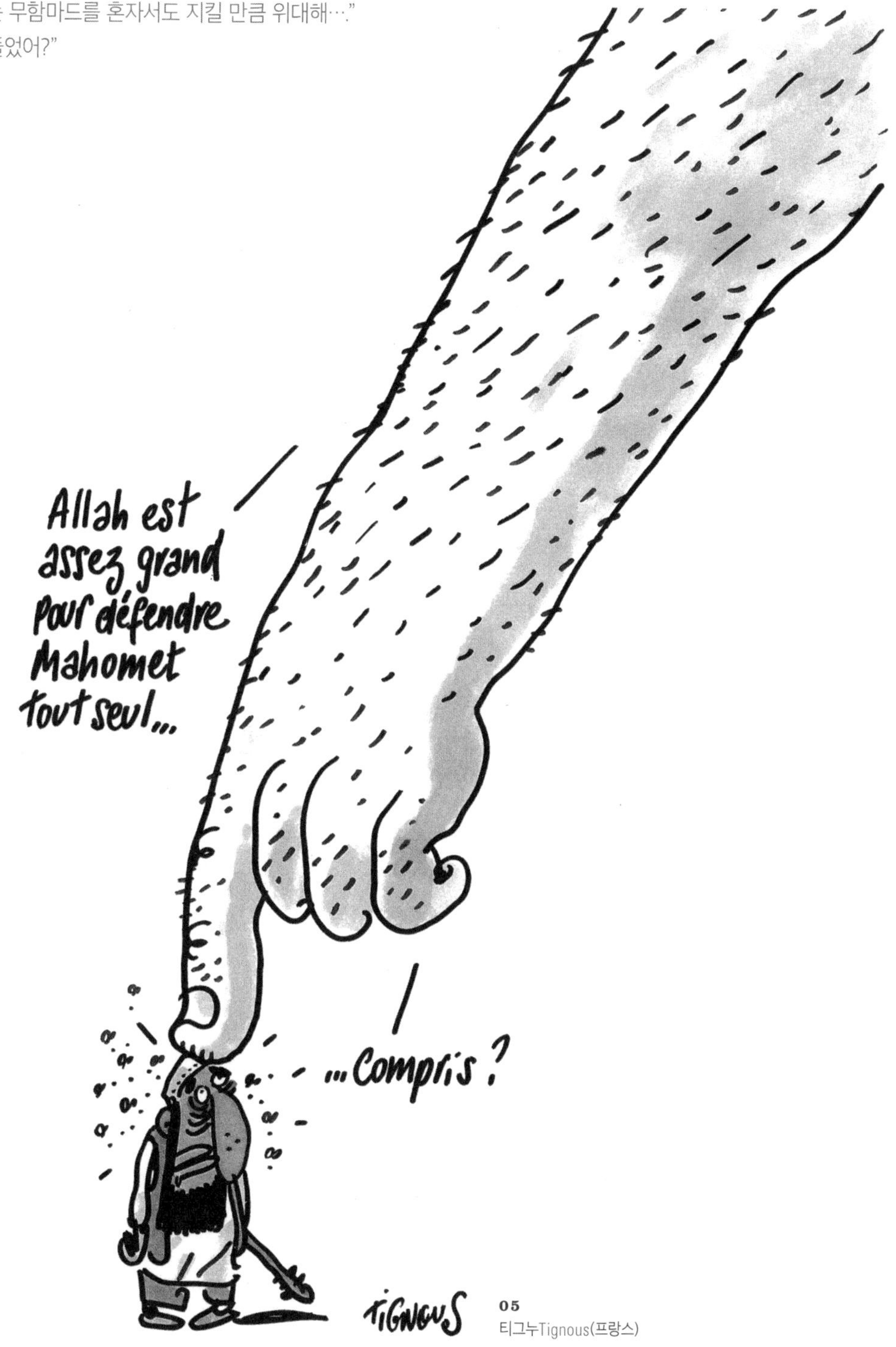

Allah est assez grand pour défendre Mahomet tout seul...
...Compris ?
TiGNOUS

05
티그누Tignous(프랑스)

“마침내 자네는 절친한 친구를 만나러 왔군.”

06
랄프 수포(1904~1962), 주간지 《나는 어디서나 존재한다》에 수록된 그림 <까마귀Le Corbeau>, 1944년 7월 21일.

이 독일에 의해 친독 의용대[5]로 신병이 인도된 뒤 살해당했다. 우리는 단 하나의 그림으로 응축된 비열함이 어디까지 갈 수 있는지 확인할 수 있다.☞ 그림06

1945년부터 분위기가 바뀌더니 그 그림들은 참을 수 없는 것이 되었다. 자유가 대단히 넓게 퍼졌고, 1968년 5월[6]에 완전히 폭발했지만 관용의 한계를 깊이 생각하는 계기가 되었다. 왜냐하면 절대적인 자유는 절대로 존재하지 않기 때문이다.

어려운 점은 그 한계의 현재 범위를 밝히는 것이다. 경계는 달라졌다. 인종주의와 관련하여 현재의 엘리트들은 그것을 거부하고 그 거부를 위해 일하기를 원한다. 종교에 있어 점진적인 비기독교화는 가톨릭의 분노와 그것을 부추기는 욕구를 동시에 억제했다. 또 다른 종교에 직면하여 또 다른 전선에서 문제가 다시 제기되었다. 만화가들은 종교에 대한 격렬한 비판과 인종주의의 추악함 사이에서, 민주주의에서 존재하는 근본적인 차이를 이해시킬 필요성에 과감히 맞서야 했다. 그것은 시사만평을 위한 도전이며, 모든 시민을 위한 도전이다.

5 비시 정부가 레지스탕스에 대응하기 위해 만든 조직이다. 그림 속에서 죽음의 신은 망델을 안고 게걸스럽게 입맛을 다시며 그에게 말을 건네고 있다.

6 프랑스에서 학생들이 중심이 되어 구시대 청산을 기치로 일으킨 1968년 5월 혁명을 뜻한다.

파스칼 오리 Pascal Ory

소르본(파리 1대학) 역사 교수

우리는 독자로서 시사만평의 현대사를 매일 읽었다. 자신의 모습을 볼 수 있고 게다가 자신을 응시할 수 있는 것이 그림이기 때문에, 독자는 무엇보다 자기 생각을 읽을 수 있어야만 한다. 시사만평을 제대로 읽는 능력이 필요하다. 시사만평이 아무렇게나 읽히는데도, 그것이 그림들의 영향력 중 하나이며 비극 중 하나라고 하니 말이다.

우리는 이 역사를 경험했는데, 이제는 국가적으로 수용되지 못하고 있다. '무함마드에 대해' 말하는 풍자만화의 비극적 경로가 그 증거이다. 그 경로는 덴마크에서 출발하여 유럽의 여러 나라를 거쳐 근동의 여러 나라에서 반발을 불러일으켰다☞그림01 이 종교는 우리와 매우 가깝기 때문에 명실상부한 세계의 종교이다. 그 경로는 우리가 아는 폭력성으로 프랑스에서 구체화되고 있으며 몇주 후 덴마크에서 또 다른 테러로 나타났다. 우리가 오늘날 시사만평의 상황에 대해 깊이 생각해보면 우리는 분명 국경을 무너트려야 한다.

나는 2015년 1월 7일 피로 물든 그 날 이전, 반세기 동안의 언론 황금기에 그랬던 것처럼 나중에 출현할 수 있는 것에 관한 성찰을 세 개의 축에서 제안하고 싶다.

지난 반세기 동안 무엇이 일반적인 표현의 자유에, 특히 만평으로 이루어진 표현에 대단히 호의적인 상황을 만들어낼 수 있었는지 돌이켜보자. 나는 시사만평 관련해 프랑스에서 존경할만한 것이 나타나는 기미를 발견했다. 가장 좋은 예가 일간지 《르 몽드Le Monde》이다. 《르 몽드》는 수십 년간 불신하고 거부하다가 1960년대 말 시사만평에 정기적으로 문호를 열어주었다.

같은 시기에 한창 성장하던 《르 누벨 옵세르바퇴르Le Nouvel Observateur》 역시 10년 뒤에 클레르 브레테셰Claire Bretécher[7]를 받아들이기 전에 코피Copi[8]의 그림을 실었다.

표현의 자유는 무엇인가? <콜롱베에서의 비극적 무도회: 죽음Bal tragique à Colombey:

---

7 클레르 브레테셰Claire Bretécher(19401~)는 프랑스의 만화가이다.

8 코피Copi(Raúl Damonte Botana, 1939~1987)는 아르헨티나 출신으로 프랑스에서 활동한 소설가이자 만화가이다.

01
샤파트Chappatte(스위스)

un mort>이라는 유명한 제목을 게재한 뒤 정간된 월간지 《할복자살Hara-Kiri》[9]에 대해 이야기해보자. 오로지 인쇄된 글자에 유의하자. 어쨌든 그것도 이미지로 볼 수 있으니 말이다. 사실상 우리는 금지를 두 가지 방식으로 고려할 수 있다. 15년 전부터 검열에 목말랐던 국가는 추가적인 조치를 즉석에서 시행했는데 시간적 거리를 둔 제법 현실적인 날짜였다. 이 검열은 시사만평의 힘에 부여된 중요성을 인정한 것이기도 했다. 《할복자살》이 풍자만화의 위대한 전통 속에 있으면서 정치 문제를 다룬 정통 주간지였으니 말이다. 이러한 금지에 대한 일반 언론의 반대 시위는 훗날 《샤를리 에브도》라는 새로운 제호의 잡지를 옹호했다. 우리가 잊고 있는 사실이지만 그때까지 《할복자살》은 일체의 저속함과 엮이고 싶지 않아했던, 동업자들의 지지를 별로 받지 못하고 있었다. 그 후 우리는 저속함을 더는 보지 못했지만, 앙가주망(지식인의 사회참여)도 사라졌다.

오랜 역사에 비추어 볼 때, 지구적 규모에서, 2015년의 사건들을 논거로 포함시키면 발전은 명백하게 지속되고 있다. 유럽과 라틴아메리카에서의 우파와 극우파 군부독재 권력의 추락, 소비에트 연합과 민중 민주주의의 추락, 오랜 자유주의 전통의 나라들에서 표현의 자유에 대한 몇몇 불관용이나 제한이 후퇴한 것이 그것을 말해준다. 서구에서 시사만평가는 말의 자유를 통

9 《할복자살》은 1960년에 창간된 프랑스의 풍자 주간지이다. 1970년 11월 7일 샤를 드골Charles de Gaulle이 '콜롱베 레 되 제글리즈'에서 서거하자 <콜롱베에서의 비극적 무도회 : 죽음>이라는 제목을 썼고 내무부 장관에 의해 즉각 정간 처분을 받았다.

02
마르탱 아르지로글로,
파리 나시옹 광장, 2015년 1월 11일

03
스테판 마에,
파리 나시옹 광장, 2015년 1월 11일

해 존립할 수 있으니 말이다. 2013년에도 네덜란드는 신성 모독에 관한 법을 공식적으로 폐지하는 호사를 누렸다.

이제 두 번째 축에서 나는 그림의 위상, 특히 시사만평가들과 관련된(문화사적 의미에서 그림보다 만평가에 더 관심이 있기 때문이다) 2015년 1월의 사건의 의미를 강조하고 싶다. 한 마디로 가치를 부여하려는 것이다.

이것은 단 하나의 시사만평과 비교된 세 개의 이미지로 요약할 수 있다. 첫 번째 이미지는 플랑튀의 <1월 9일 금요일>이다. 들라크루아의 <민중을 이끄는 자유의 여신>에 대한 오마주는 시사만평가를 가장 명확한 방식으로 미술의 계보에 진입시켰다.☞ 26-27쪽 그림04 다음 이미지는 1월 11일 저녁에 촬영된 마르탱 아르지로글로Martin Argyroglo의 사진이다. 그는 영상을 배치하면서 의식적으로 들라크루아에게 영감을 얻었다는 사실을 분명히 했다.☞ 그림02 세 번째 이미지는 역시 도상圖像의 특징이 나타나 있는 스테판 마에Stéphane Mahé의 사진이다. 그는 퐁피두 센터 정면의 광경을 장중하게 담아냈다.☞ 그림03

이와 같은 가치 부여를 아직 모를 사람들에 대해서는, 우리가 지금까지 언급했던 모든 사람과 아주 다른 당사자를 소셜 네트워크 게임에 끌어들이는 것으로 충분할 것이다. 즉 이미지와 표현에 공포심이 있는 '성상 파괴론자iconoclaste' 말이다.

성상 파괴론자이거나 아닐 수 있는 근본주의 신봉자가 문제일 수 있다. 근본주의 신봉자는 절대자를 비판하는 것을 용납하지 않는다. 가톨릭교회의 역대

d'après
DELACROIX

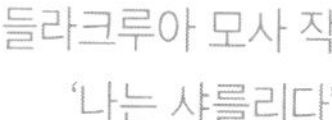

들라크루아 모사 작
'나는 샤를리다'

04
플랑튀(프랑스)

05
아레스Ares(쿠바)

교황들은 표현의 자유를 완고하게 단죄했다. 진리는 하나이고, 잘못된 생각을 두고 표현의 자유를 말할 수는 없기 때문이다. 덧붙여 말하자면, 성직자들은 웃음을 불신하고 증오했다. 생각의 차이는 그만큼 컸다.

시사만평가에 대한 가치 부여는 직업 환경의 중심에서 의미가 있다. 예술가로서의 만평가는 언제나 실수한다. 긴급한 시사 문제를 두고, 복제와 도구화를 목적으로 작업하는 화가와 조형 예술가는 그렇지 않다. 예외 없이 조형적인 것에서도 마찬가지였다! 기자로서의 만평가는 논설위원이나 편집위원을 능가한다.

왜 사진을 보여주는 것인가? 만평가의 평화적, 효과적 도구인 연필을 자극하는 것이 바로 사진이기 때문이다. 우리는 프랑스 역사에서 예외적인 시기에 있고 시사만평의 역사에서도 마찬가지이다.

플랑퀴의 그림으로 돌아오기로 하자. 1월[10] 행진 참가자들에게 있어 연필은 무기이자 동시에 상징이니까. 나는 상징이라는 이 마지막 단어가 (모르는 사람들 간의) 식별의 표시를 명확하게 표현하고, 그것과 반대되는 것은 '악마 같은 것', 즉 악마라는 사실을 상기시키는 바이다. 제기된 쟁점에 비례하여 '가치 부여'를 해본다.

10 2015년 1월 7일《샤를리 에브도》테러가 일어나고 같은 달 11일에 프랑스 전역에서 400만 명의 시위대가 행진을 벌인 사건을 말한다.

이것이 내가 지적하는 마지막 논점인데, 불안정한 사회적 위상이라는 요인들이 아직 남아 있다. 주목할 점은 검열의 요구에 있어서 시간과 차이의 변화를 고려하지 않는다면 시사만평의 현대사를 해석할 수 없다는 것이다. 시사만평가는 국가에 대항에 싸우는 경향이 있는데, 그것은 많은 나라의 과제이기도 하다. 오늘날 서구에서 협회를 통해 직업적, 윤리적, 자기 정체성의 측면에서 압력을 가하며 검열을 주장하는 곳은 소위 말하는 '시민사회'이다. 처음에는 적잖이 당황스러울 일이다. 2015년 우리는 지리적으로 가톨릭 문화를 가진 나라의 반응과 프로테스탄트 문화를 가진 나라의 반응 사이의 편차 속에서 이해될 수 있는, 자기검열의 대단히 현대적인 형태가 항상 존재한다는 사실을 확실히 이해했다. 나는 청교도주의와 공동체주의를 겸비한 미국에 대해 생각해본다. 그 나라에서는 무함마드의 풍자만화가 고의로 불분명하게 만들어진다. 그것은 내가 알기로 다에시Daesh[11]와 아무런 관련이 없는 진정한 시사 문제이다.

더 근본적으로 시사만평을 관통하는 신문 위기의 국면을 다시 발견한다. 《샤를리 에브도》는 공격을 받던 시기에 어려운 형편에 있었다. 신문을 대체할 수 있는 것이 항상 있는 것은 아니며, 우리가 어느 순간 생각할 수 있음에도 텔레비전과 인터넷의 대체물도 마찬가지이다. 우리는 그것들에서 경제적 모델도, 문화적 모델도 찾아내지 못했다. 진짜 '위기'는 정치적이기보다는 경제적이고 문화적인 것이다.

고정된 이미지의 온건한 힘이 여전히 정체되어 있다. '고정된 이미지'는 '시청각적인 것'에 비해 다소 구식으로 보일 수 있다. 하지만 시사만평은 자기 방식대로 시청각적일 뿐 아니라 불변성에 나타난 최면성이라는 힘을 종종 발휘한다. 시사만평가들이 그 힘을 통해, 여론의 한 부분이자 타인을 규제하고자 하는 개인의 경향과 같은 절대로 사라지지 않을 것에 저항할 수 있기를 기대해보자.

시간은 빨리 흐르지만 2015년 1월 7일 11시 30분경 쿠아시 형제의 급진주의와 《샤를리 에브도》의 급진주의☞30-31쪽 그림06라는 두 급진주의☞28쪽 그림05의 비극적인 만남에서 근본적인 어떤 것이 일어났다는 사실을 잊지 말아야 한다. 만평가는 자신의 피로 서명을 함으로써 언론인 신분증을 얻은 것이다.

---

11 이슬람국가IS의 아랍식 명칭으로 일부 아랍권 국가나 서방 주요 정치가나 언론에서 IS를 거부하는 명칭으로 사용된다.

샤를리 에브도

06
코테Côté(캐나다)

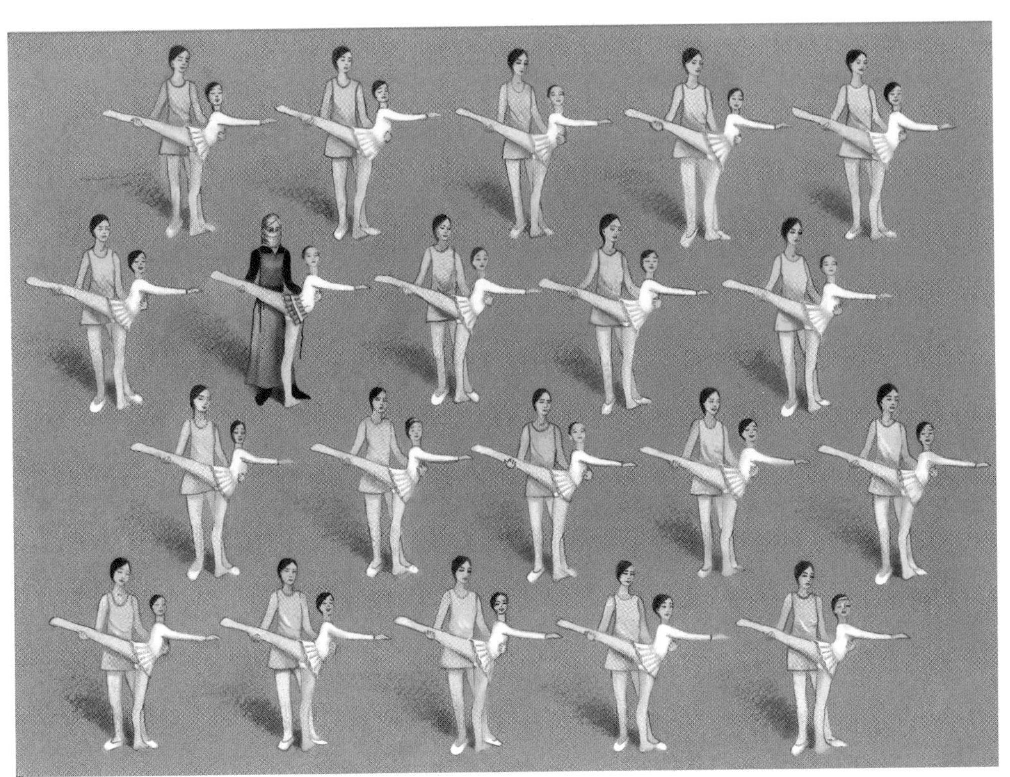

예지 글루셰크Jerzy Gluszek(폴란드)

"로베스피에르?"
"들어본 적이 있는 것 같은데?"

크롤Kroll(벨기에)*

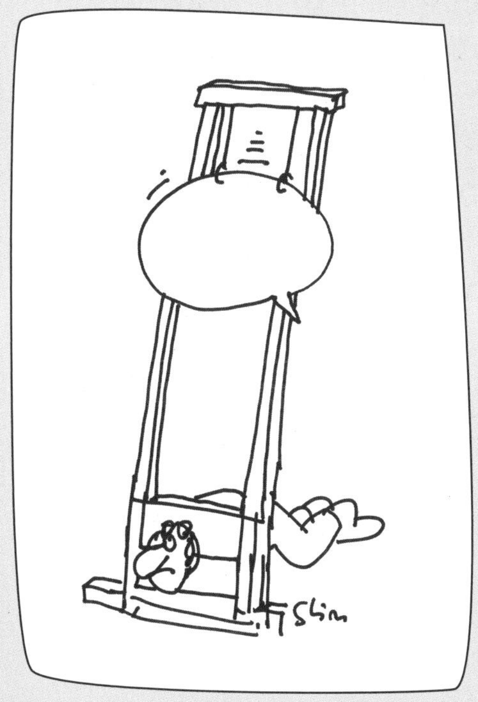

슬림Slim(알제리)*

"나는 널 놓치지 않을 거야, OO 같은 녀석!"

믹스 앤 리믹스(스위스)

다리오Darío(멕시코)

"네가 그림 그리는 일을 끝내면…"
"하등의 의미도 없는 뭐 같은데…"

시뮐뤼스(프랑스)

“결코 누구도 관심을 두지 않을 거야.”
“내기할래?”

크롤(벨기에)*

여성 만화가가 본 피카소,
레이마Rayma(베네수엘라)

벨기에식 유머
이것은 자크 브렐이 아니다
“전혀.” “전혀 이해가 안 가.”

크롤(벨기에)

자유와 법,
자유와 권리

어떤 자유도 절대적이지 않고
표현의 자유는 누구에게나 아무 말을
큰 소리로 하는 것이 아니다.
자유는 '타인에게 해를 끼치지 않는'
모든 것을 말하고 글로 쓰고 보여주는 데 있다.
이 발언의 권리를 정확히 어떻게 말해야 할까?

자크 랑 Jack Lang

아랍세계 연구소 소장, 법학 교수

그림을 넘어서 더 일반적으로 프랑스 내 표현의 자유에 관해 이야기해보자. 1789년의 인권 선언 11조는 다음과 같이 확언한다. '사상과 의견의 자유로운 소통은 인간의 가장 소중한 권리 중 하나이다. 따라서 모든 시민은 자유롭게 말하고 글을 쓰고 출판할 수 있다. 단, 법에 규정된 경우에는 이 같은 자유의 남용에 대해 책임을 져야 한다.' 본질적인 뜻을 가진 이 문구는 낡은 것이 아니다. 이 문구에는 분명함과 명료성, 명쾌함의 모든 특질이 나타나 있으며, 그 영역에 있어서 일체의 성찰과 행동 기반이 있다. 사상과 의견을 말할 소통의 자유는 인간의 가장 소중한 권리 중 하나이다. 모든 시민은 자유롭게 말하고 글을 쓰고 출판할 수 있고 그림을 그릴 수 있다. 단, 법에 규정된 것처럼 이 자유에 책임을 져야 한다. 혁명기의 법조문은 원칙, 즉 자유를 주장하는 동시에 법에 규정된 한계를 명시하고 있다.☞42쪽 그림01 이 한계의 목록 혹은 유형을 조사해보자.

우선 법제와 법령, 판례에 의해 프랑스에서 세워진 일반적인 한계가 있다. 일반적인 한계의 두 가지 예는 인종주의 옹호 금지와 사생활, 명예, 명예 훼손과 같은 타인의 권리 보호가 있다.

다음으로 오랜 세월에 걸쳐 만들어진 우리의 권리 체계에서, 독특한 법규를 볼 수 있다. 예를 들어 상당히 논란의 대상이 되는 기억의 의무[1]가 있다. 어떤 의무는 인정되고 받아들여지며 어렵게 시인된다. 특히 홀로코스트와 관련된 의무가 그렇다. 또 다른 의무는 아르메니아인 집단학살[2] 성격의 대립을 불러일으킨다. 법률은 인종학살의 현실에 관해 자유롭게 말하는 것을 인정

---

1 인종, 증오 범죄와 같이 반인륜적 범죄의 공소시효를 폐지한 특별법을 예로 들 수 있다.

2 1차 세계대전 중 오스만 제국이 최대 150만 명에 이르는 기독교계 아르메니아인을 대량 학살한 사건을 말한다.

"표현의 자유를
틀에 가두었는지는
분명하지 않아"

CE N'EST PAS ÉVIDENT D'ENCADRER LA LIBERTÉ D'EXPRESSION !

그림01
코테(캐나다)

하면서도 그런 인종학살의 상황에 관한 연구를 불법화하는 추세에 있었다. 헌법재판소는 결국 아르메니아인의 집단학살에 관한 역사가들의 연구와 토론의 불법화를 금지했다.

예술적 표현은 19세기와 20세기를 통해 그리고 오늘날까지 만들어진 일련의 특별한 규정의 대상이었다. 영화는 수출을 포함하여 완전한 금지를 허용했던 제도에서 살아남았다. 그것은 영화를 질식시키는 일이었다. 도덕적인 이유로 자크 리베트Jacques Rivette의 〈수녀La Religieuse〉가 1966년에 상영 금지된 경우가 있다. 이와 같은 금지의 형식은 1981년에 폐지된다.

의사 표시와 표현의 자유는 예술의 자유와 결부된다. 충돌의 위험에도 '디유도네 사건'[3]과 더불어 예술 영역에서 퇴보가 있었다. ☞43쪽 그림02 프랑스의 판례에 따르면, 공연이나 표현의 자유는 공공질서를 심각하게 위협할 때만 금지시킬 수 있다. 판례는 '대적할 수 없는 위협'을 명확하게 규정하고 있다. 등장인물에 티끌만큼도 공감하지 않은 채 디유도네의 공연이 그러한 질서를

---

3 디유도네Dieudonné(1966~)는 카메룬 출신의 프랑스인 코미디언으로 반유대주의적인 공연을 통해 현실 풍자와 비판을 했다. 발스 내무장관은 반유대주의를 이유로 디유도네의 공연을 금지시켜 표현의 자유를 둘러싼 논란을 야기했다.

“곤란한데!”

금지

“별거 아닌데!”

그림02
샤파트(스위스)

위협하지 않았다는 것을 증명할 수밖에 없었다.

그런데 정부와 최고행정법원이 도덕적 질서를 이유로 공연을 금지시킬 수 있음에도 법적으로 받아들일 수 없는 근거로 공연 금지를 적법화했다. 최고행정법원이 사용한 판결의 전제 사유에서 우리는 ‘사회통합 침해’라는 표현을 본다. 이 개념은 표현과 표명의 자유에 관한 토론의 대상은 아니다. 그러나 법의 관점에서는 새로운 판례가 공연을 금지하고 방해하는 데 사용될 수 있기 때문에 심각한 문제다.

또 다른 제한은 훨씬 더 크다. 첫째, 두려움이 있다. 어떤 해프닝은 무산되기도 하고, 어떤 작품은 단지 주최자들이 싸우지 않고 항복하도록 부추기는 정신적, 지적 테러리즘에 두려움을 느끼고 굴복했기 때문에 전시에서 사라지기도 한다. 힘과 권력이 있고 그것이 작용하는 방식이 있다. 특히 돈의 힘이 있다. 이익의 추구와 관련이 있는 수많은 계략이 가장 해로운 검열과 가장 나쁜 장애물을 만들어낸다. 오늘날 젊은 창작자들은 창조하고 글을 쓰고 그림을 그리는 데 과거의 창작자들보다 더 큰 어려움을 겪고 있다.☞

44쪽 그림03

'표현의 자유'

그림03
칸Kap(스페인)

끝으로 창작의 자유에 관해 최근에 제출된 법률안에서 '창작은 자유롭다'라고 작성된 제1조에 주목해보자. 여전히 유효한 1789년의 인권선언 11조가 있는데 왜 이상한 조항이 훨씬 더 분명하게 만들어졌을까? 그것은 단지 문서로 만들어진 보호막에 불과하고, 우리가 검열의 모든 형태에 맞서 싸울 수 있는 것은 그렇게 모호한 주장으로 가능한 것이 아니다.

조르주 키에즈만 Georges Kiejman

변호사,
외무 담당 장관

순수하게 법률적이고 가장 기술적인 관점에서 표현의 자유 문제에 접근하는 것은 분명 감정적인 이유 때문에 쉽지 않다. 2015년 1월 7일의 비극적 사건을 기억한다면, 프랑스를 필두로 민주 국가들의 법체계의 안전을 언급할 때 무언가 비극적인 것을 발견할 것이다.

우리는 저마다의 용기에 달린 자기검열이나 경제적 압력을 항상 떠올릴 수 있을 것이다. 오늘날 재벌에 의존하지 않고 글을 쓰고 말을 하는 기관은 사실상 존재하지 않는다. 하지만 우리가 사법 체계의 중심에서 본다면 프랑스에서 모든 것은 대단히 균형을 잘 잡은 것 같다. 인권선언의 11조에서 태어난 기본적이면서 본래 합헌적인 원리를 필두로 말이다. 조항은 역사적 유물이 아니며 재판관들에게 오늘날에도 여전히 부과되는 조문이고 두 개의 짧은 구절로 되어 있다.

첫 번째 조항은 다음과 같다. '사상과 의견의 자유로운 소통은 인간의 가장 소중한 권리 중 하나이다. 모든 시민은 자유롭게 말하고 글을 쓰고 출판할 수 있다….' 이 원칙은 분명하게 입증된다.

두 번째 조항은 다음과 같다. '단, 법에 규정된 경우에는 이 같은 자유의 남용에 대해 책임을 져야 한다.' 분명히 말해서 절대적인 자유의 한계를 제시하면, 이 조항은 출판의 사전 허가 원칙을 파기한다. 자유의 남용은 출판 이후에 처벌이 가능하다. 단, 영화 분야에서 수십 년간 사전 검열이 있었던 경우를 제외하고 말이다.

합법적인 금지의 목록은 엄밀히 제한된다. 10여 개의 사항이 표현의 자유에서 나타날 수 있는 남용의 문제를 실제로 규정하고자 한다.☞ 46쪽 그림04

새로운 제한
"모든 것을 조롱할 수 있어…"
"하지만 《샤를리 에브도》는 아니야."

그림01
믹스 앤 리믹스(스위스)

보통법의 모든 조항은 1조에서 언론과 출판의 자유의 원칙을 재확인한 1881년 7월 29일의 법에서 태어났다. 이 법은 비방과 모욕을 통한 억압을 고려하고 있다. 비방은 명예와 평판을 침해할 가능성이 있는 구체적인 사실의 주장이다. 모욕은 막연하면서도 무례한 표현이지만 명예 훼손의 사실을 증명해줄 상세한 내용이 없다.

그림은 명예를 훼손할 수 있다. 죄를 저지를 마음으로 확인할 수 있는 인물을 표현하는 것이 비방이다. 그 그림은 사생활을 침해할 수 있다. 만약 어떤 정치인이 열렬한 사랑에 빠져 있다는 것을 드러낸다면 그것은 민법 9조에서 보호하고 있는 사생활을 침해한 것이다. 하지만 만평가들이 침대에서 일어난 일을 폭로하는 경우는 거의 없고, 그들의 과도함과 날카로움은 모든 사람이 자유로워야 하는 영역, 즉 사상의 영역에 오히려 국한된다.

사상의 영역에서는 무엇이 처벌을 받을까? 우선 범죄나 범법 행위의 교사는 처벌의 대상이 된다. 그것은 명백하지만 드물게 적용된다.

어떤 집단에 대하여 차별을 부추긴 것이 처벌의 대상이 되기도 한다. 그 차별은 인종적인 것일 수 있고, 민족을 기준으로 할 수 있고, 2004년의 법 이후 성적 정체성과 관련될 수도 있다. 실제로 법률상의 모든 권리는 이 같은 침해를 '사후에' 처벌할 수 있도록 한다. 분명히 기억의 의무가 있다. 이 법에 호의적이든 호의적이지 않든 어떤 사실은 너무나 명백하여 그것을 부정하는 일은 일어난 사실을 기억하는 사람들에게 모욕과 상처를 줄 수 있다.

처벌을 목적으로 하는 수많은 법조문이 존재하며 그것을 해석하는 것은 판사에게 달려 있다. 재판관들이 흔히 말하듯이 정부가 아니라 쉽게 말해 그들 자신의 문화에 종속되어 있다고 할지라도, 재판관들은 법조문을 항상 극도로 사려 깊게 해석한다.

《샤를리 에브도》와 '무함마드 풍자화' 사건을 보기로 하자. 사실을 빠르게 돌이켜 보면 다음과 같다. 덴마크 일간지 《율랜츠포스텐》은 2005년 9월 30일, 어떤 회교도들에게는 터부인 무함마드를 표현한 12편의 풍자화를 발표하였다. 그 결과, 전 세계에서 수많은 항의와 대사관 방화, 덴마크 제품 불매운동, 살해 위협 등이 있었다…. 《샤를리 에브도》는 덴마크 풍자 만화가들과의 연대를 위해 그 그림을 재수록하고 그림을 추가하여 보여주기로 결정했다. 이 주간지는 다양한 단체들, 특히 평소에는 훨씬 관대하고 개방적인, 프랑스 최고 이슬람 성직자인 부바퀘르Boubakeur가 책임을 맡은 단체와 훨씬 더 엄격한 프랑스 내 이슬람 단체의 공격을 받았다. 그들은 이슬람 집단을 상대로 모독죄로 소송을 제기했다.

법원은, 자유의 원칙에 따르는 것이 기본방침임을 상기시키고 비판의 대상이 이슬람교 전체도 아니고 종교도 아니라고 해명했다. 신성모독죄는 1789년 이후 프랑스에 존재하지 않는다.☞ 48쪽 그림02 법원은 다음과 같이 표명했다. "당 소송에서 원칙으로 하는 규정은 표현의 자유에 대한 합헌적이고 합의에 의한 원칙(유럽인권협약)에 비추어 적용되어야 하므로, 표현의 자유는 호의적으로 받아들여지거나 해를 끼치지 않는다고 여겨진 뉴스 혹은 사상에만 적용되는 것이 아니라, 국가 내부에 있는 다양한 신앙과 교파의 공존이 특징인 시대에 있어 특히 중요한 다원주의와 톨레랑스의 원칙이 요구하듯이, 충돌하거나 논란이 야기되는 뉴스나 사상에도 적용되어야 하므로…."

우리는 꿈꿀 수 있다.
"나는 샤를리다"

그림02
베이도Bado(캐나다)

법원은 종교가 다수이고 마땅히 보장받아야 하는 존중을 통해 보호받을수록 그 종교를 향한 비판에 더 많은 톨레랑스가 있어야 한다는 것을 분명히 하고 있다.☞49쪽 그림03

주의해야 할 또 다른 이유는 다음과 같다. "세속적이고 다원적인 프랑스에서 모든 신앙의 존중은 그것이 어떤 종교이든 종교를 비판할 자유와 또한 숭배의 주체나 대상을 표현할 자유와 병행되므로, 신이나 종교를 모욕하는 신성모독은 종교적 소속을 이유로 개인이나 집단에 대해 개인적이고 직접적으로 가해지는 공격인 모욕과는 달리 처벌되지 않으므로…" 법원은 대단히 중요하다면서, 과도한 행동이 허용되는 만큼 그것을 공개 토론에 붙여야 한다는 것을 강조하고 있다. 《샤를리 에브도》의 방식은 단지 과도한 행동의 욕구에 포함되는 것이 아니라 토론에 참여하고자 하는 욕구에 포함되는 것이었다.

모든 표현 방식 중에서 그림은 메세지를 전달하는 데 가장 효과적이다. 그림은 언어의 울타리를 넘어선다. 그림은 즉각적인 이해가 가능하다.

그림03
튀니지에서 온 윌리스
(튀니지)

"무함마드를 그려서는 안 돼!!"

"만화가를 죽여서는 안 돼!"

"둘 다 입 다물어!!"

노리오(일본)
일본에서 천왕은 터부의 대상이다

레이마(베네수엘라)가 본
반 푸틴 러시아 록 밴드, 푸시 라이엇

시리아 선거
“유골 단지가 말을 했어…”

루이종Louison(프랑스)

여성 만화가가 고발한 사형
피루제Firoozeh(이란)

"나는 표현의 자유에 반대야!" "웬걸." "우린 말할 권리가 없어!"

믹스 앤 리믹스(스위스)

믹스 앤 리믹스(스위스)

"나는 모든 것을 조롱할 수 있다고 생각해." "하지만 아무한테나 그럴 수 있는 것은 아니지."
"예를 들면 난 당신을 조롱하고 싶어" "하지만 당신한테는 아니야!"

"문화는 가장 강한 것이다."

바타클랑(2015년 11월 13일 라이브 극장인 바타클랑에서 테러가 일어나 90명이 사망했다. -옮긴이)

플랑튀(프랑스)가 본
2015년 11월 13일 파리 테러

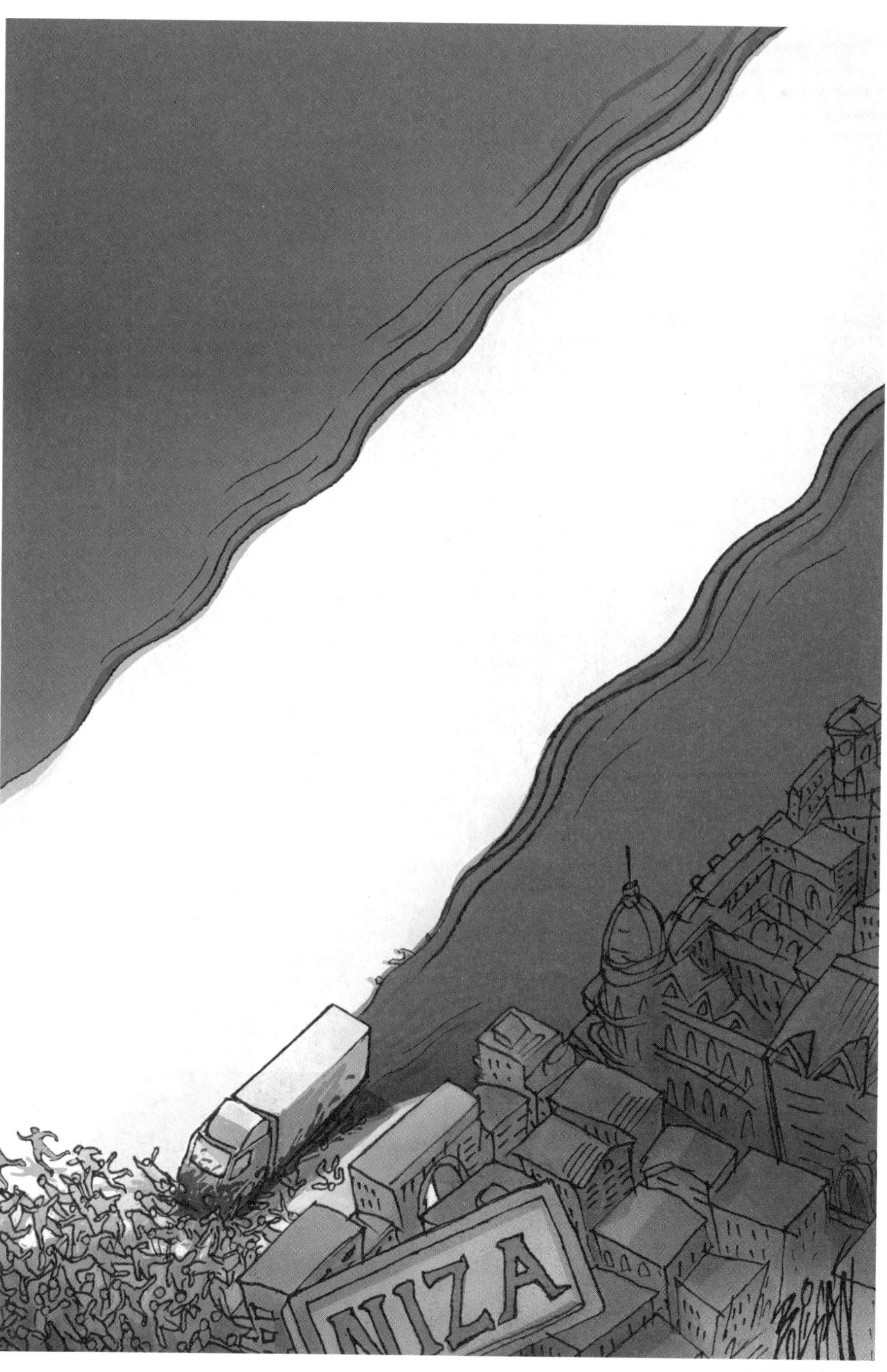

볼리간(멕시코)이 본
2016년 7월 14일 니스 테러

파얌Payam(이란)

"모든 것을 조롱할 수 있어?"
"아니!" "그래!"

빌렘Willem(프랑스)

댄지거Danziger(미국)
푸틴의 언론 학교

모린Morin(미국),
(시계 방향으로) 자살 조끼, 언론의 자유,
'어떤 그림들은 검열을 받아야 한다.' '우리는 존중해야 한다.' '어떤 것들은 말해서는 안 된다.'
'우리는 모욕해서는 안 된다.' '우리는 책임을 져야 할 것이다.'

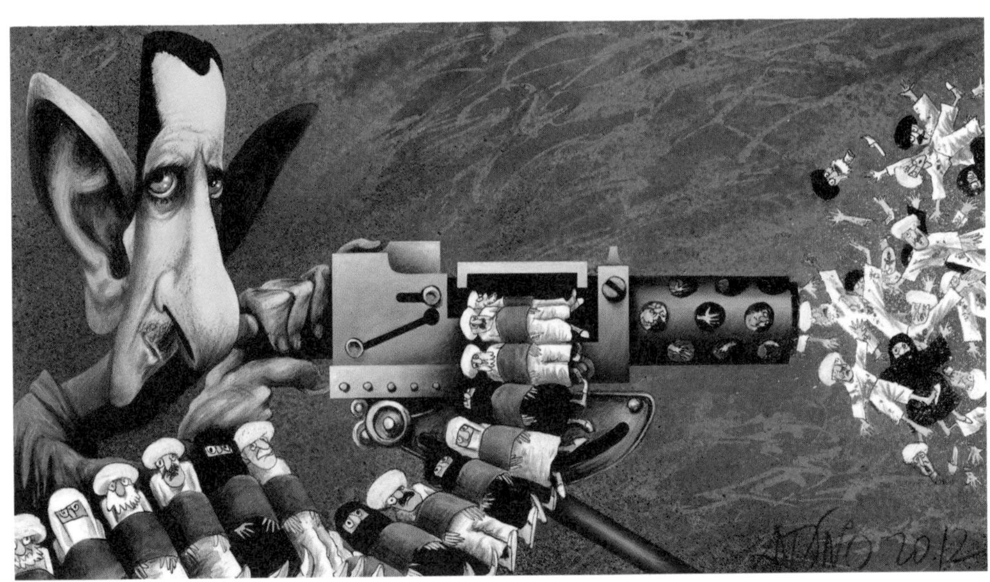

안토니오Antonio(포르투갈)이 본
바샤르 알아사드

오사마 하자즈Osama Hajjaj(요르단)
이 그림은 오른쪽에서 왼쪽으로 보아야 한다

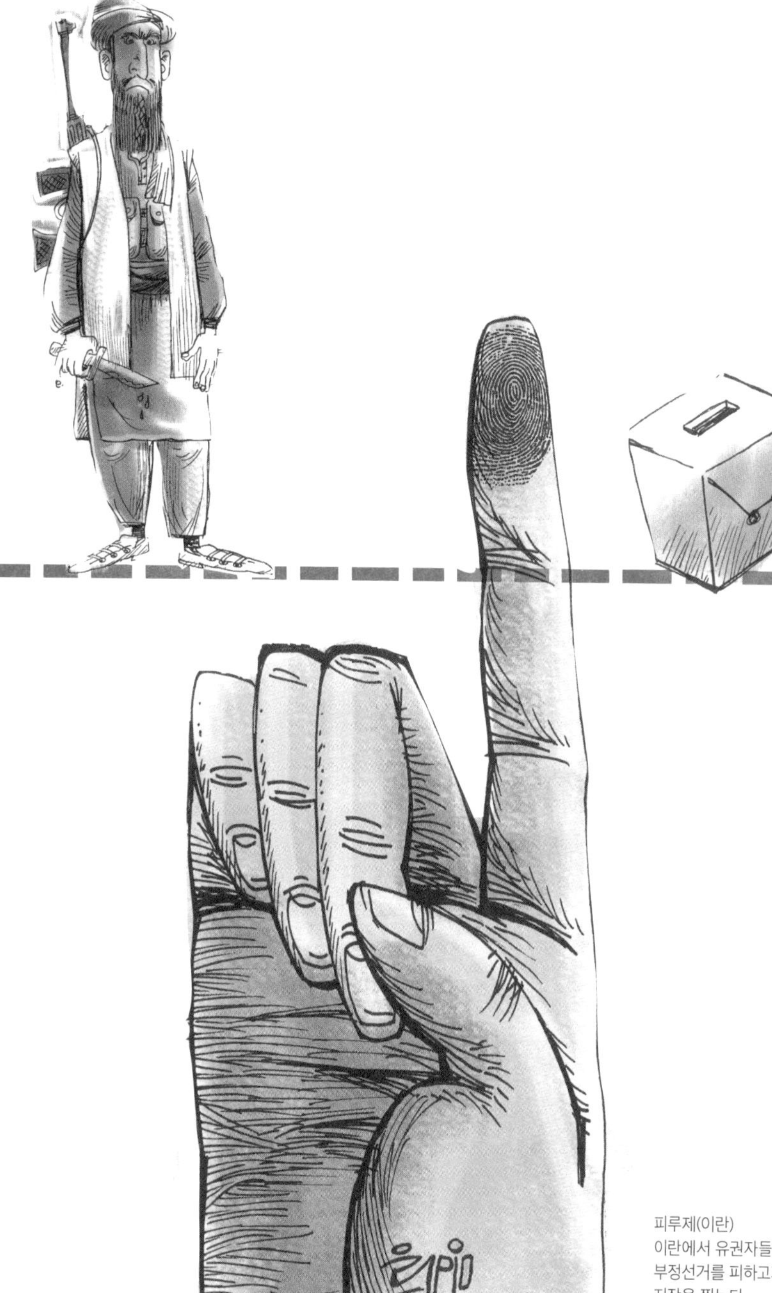

피루제(이란)
이란에서 유권자들은
부정선거를 피하고자
지장을 찍는다

빌어먹을 이미지들!

일신교는 애초에 이미지를 금지했다.
기독교는 이 규칙을 어렵사리 예외로 했다.
이 문제는 이슬람 세계에 민감하게 남아 있다.
우리는 이미지를 금지해야 하는가?

장 프랑수아 콜로시모Jean-François Colosimo

철학자, 기독교와 정교회 전문가

유태교도, 이슬람교도, 기독교도 사이에 같은 신이 있었는지 확실하지 않다.☞ 62쪽 그림01 설령 같은 신이 있다 해도 공통의 이미지는 없다. 이미지를 지닌 유일한 신은 기독교도의 신이다. 야훼와 알라는 이미지가 없으며 그들의 이름은 발음할 수 없거나 여러 이름을 통해 다르게 나타난다. 신학적으로 살펴보자. 기독교에는 명백한 강생이 있는데, 신 자신이 자발적으로 역사에 들어온 것이다. 어떤 교부들은, 강생은 신이 옛날부터 자신에게 부여하고 싶었던 인간의 얼굴을 보여주려는 목적만이 있다고 생각했다.

복음서에서 이미지가 문제된 것은 단 한 번이다. 예수가 바리새인들과 논쟁한 마태복음의 유명한 구절이 그것이다. 바리새인들은 로마 황제들의 지배를 나타내는 돈인 데나리온을 그에게 보여주며 누구에게 충성해야 하는지 묻는다. 예수가 대답한다. "이 초상과 글자가 누구의 것이냐?"[1]

우리는 여기서 성상과 제사題詞, 초상과 글자가 권력과 분리할 수 없고, 예수는 그것들이 우상과의 거리, 정치 권력의 최초 우상숭배를 내포한다는 사실을 말하려고 했음을 알 수 있다. 이미지에 관한 기독교 신학은 바로 정치 권력과 관련된 분리 개념에서 발전했다. 신은 강생을 했고 인간의 육체를 취했다. 우리는 보이지 않는 신을 나타낼 수 없지만, 신이 스스로 선택한 인간 안에서 보이는 신을 나타낼 수 있다. 이것이 위대한 이상이다.

이미지 이론은 기독교도들에게 자유를 행사하고 정치 권력과 거리를 두게 한다. 이 기록을 두고 특히 신성모독과 관련된 상황이 다루어진다. 복음서에 따르면 기독교는 예수가 왕과 메시아를 사칭한 신성모독자로 유죄선고를 받았기 때문에 신성모독의 개념을 전복시킨다. 예수는 항상 신성모독자였다. 그는 율법의 준수를 신성화의 수단으로 끊임없이 규탄했기 때문이다. 기독교

1 마태복음 22장 20절.

01
디앙코Djanko(네덜란드)
'그래서?'

도들은 그 사실을 너무 자주 잊는다….

항상 그에게 가해진 가장 무거운 비방은 귀신이 들리고 신성모독을 하며 신앙이 없다는 것이다. 실제로 기독교의 관점에서 보면, 율법이 그 자체로 신격화됨으로써 사람들 사이를, 그리고 인간과 신 사이를 이어주지 않는 이상 불경의 원인은 바로 율법의 엄격한 준수에 있다.

강생과 신성모독 사이의 이와 같은 관계의 결과로, 죽음을 두려워하지 않고 역사를 통하여 죽음을 원하며 책임을 떠안으려는 신과 마주하게 된다. 신은 신성모독자들의 왕이라는 사실이 드러났다.

7세기에 콘스탄티노플의 신학자인 '고백자 막시무스'는 십자가 위에서 신이 그 자신으로서 형상이 되었다고 설명하면서, ☞64쪽 그림03 신의 형상을 한 예수라는 이론을 만들어냈다. 즉 신이 십자가 위에서 희화戲畵된 것이다. 신은 무능력함을 받아들이고 전지전능함을 포기했다. 그것이 성 바울이 '케노시스kenosis'[2]라 부른 것이다. 신 예수는 스스로 희화된 신이다. 만약 기독교도들이 예수를 그렇게 이해한다면 그것은 놀라운 일일 것이다.

2 '비움'이라는 뜻으로 예수가 '자기를 비움'으로써 스스로 낮은 곳을 택한 것을 말한다.

“무엇이 보입니까?”
“무함마드.”

02
엘치코트리스테Elchicotriste(스페인)

"남는 것은
형상이라고 생각한다."

JE SENS QUE C'EST UNE IMAGE QUI VA RESTER
Kroll

03
크롤(벨기에)*

사실 항상 그렇게 신을 이해하는 것은 아니다. 복음서는 신이 패자라고 하는데, 사람들은 신이 필연적으로 승자라고 생각한다.

이 모든 것은 모두 상대적으로 단순한 것을 암시한다. 즉 이미지와 신성모독의 문제는 종교 문제 이상으로 정치 문제의 시작에서 존재했다. 이는 역설적으로 이슬람 세계에서 거론되고 있다. 이슬람교에서 신성모독은 배교背敎, 코란의 가르침에 따른 진실의 포기와 동일시된다. 따라서 비이슬람교도는 신성모독자가 될 수 없다. 그렇지만 이슬람 국가에서는 신성모독에 관한 법규가 차고 넘친다.☞63쪽 그림02

우리는 정치가 신격화된 사회의 형태에서 성직자들의 물결과 상대방의 공격을 목격한다. 신성모독자들과 풍자 만화가들을 박해하는 사람들은 말 그대로 자신의 지향점을 잃어버린 전투적인 태도를 지닌 인물들이다.

델핀 오르빌뢰르 Delphine Horvilleur
랍비

개인적인 일화로 시작해보자. 어린아이였을 때, 나는 만화책을 너무 열심히 읽은 나머지 만화에서 일어나는 일이 현실에서 일어날 수 있다고 확신했다. 즉 누군가가 생각을 하면 그의 머리 위에 이미지가 나타나는 것이다. 나는 내 앞에 있는 사람과 관련해 무언가 좋은 일이나 나쁜 일을 생각했을 때 말풍선이 나타날까 봐, 모든 사람이 가장 비밀스러운 내 생각을 알게 될까 봐 무척 겁이 났다. ☞67쪽 그림02 나는 머리 위로 종종 손을 흔들어 실제 내 의도를 나타낼 수 있는 잠재적인 위험한 그림들을 지워버리려 했다….

이 일화는 일신론자들의 종교가 이미지, 그림, 풍자만화의 표현과 맺고 있는 복잡한 관계를 설명한다. 어린 시절 나의 두려움은 단순한 생각, 그러니까 의식의 한 요소가 구체화되어 이미지로 나타나는 것이었다. 분명히 말해서 정신적 삶의 특성인 보이지 않는 세계가 보였다. 그런데 재현에 대한 생각과 더불어 종교적 사상이 지닌 문제는 보이지 않는 세계가 보이는 세계로 옮겨간다는 두려움과 항상 관련이 있다. '원래' 보이지 않는 어떤 것을, 보일 수 없는 것을 어떻게 볼 수 있게 만들까? 만화와 그림은 마무리하는 것이 항상 문제이니 무한한 것을, 무한한 것 중 가장 무한한 것인 신을 어떻게 완성할 것인가?

유대교를 몇 마디로 설명하기 위해, 유대인들은 그들이 볼 수 없고, 가까이 갈 수 없고, 목소리를 들을 수 없고, 만질 수 없고, 부를 수 없는 신에게 기도한다고 해보자. 그들은 신의 이름이 어떻게 발음되는지 잊어버렸다…. 그렇게 말하는 것은 유대인 사고의 핵심을 이해하는 것이다.

01
유대교에서 신의 본래 이름을 나타내는 네 글자로 된 낱말
('테트라그람마톤'은 히브리어로 신 야훼를 지칭하는 말이며 네 글자 'יהוה'(YHWH)'로 표기한다. -옮긴이)

관건은 신성에 다가가는 것이고 만질 수도 볼 수도 없는 초월적인 존재에 다가가는 것이다. 성경 구절에 따르면, 누구도 신을 보고 살 수 없기 때문이다. 누구도 신을 규정할 수 없다. 모든 규정은 신의 이름이 나타내듯이, 종결을 시키는 것이고, 신의 절대적인 초월성을 잠재적으로 부정할 수 있는 한계 속에 신을 가두는 것일지 모르기 때문이다. 물론 신에게는 이름, 그러니까 유대교에서 신을 지칭하는 네 글자 낱말로 쓴 이름이 있다.☞그림01 문제는 그 네 글자를 발음할 수 없다는 것이다. 그것을 소리 내어 읽는 것은 금지되어 있다. 그것은 목소리를 통한 재현을 상상하는 것이고, 결국 재현이 가능해질 것이기 때문이다. 따라서 우리는 네 글자를 발음할 어떤 생각도 하지 못하는 것이다.

어떤 사람들은 신을 묘사하는 것이 불가능하다면 모세, 아브라함 혹은 야곱을 묘사하고, 유대 교회당(시너고그synagogue)에 그들의 형상을 그리는 것으로 충분하다고 말할 것이다. 그렇지만 그것 역시 문젯거리로 남는다. 창세기에 따르면 인간은 신의 형상을 따라 만들어졌다. 그것보다 놀라운 진술이 어디에 있겠는가. 인간이 형상을 지니고 있지 않은 신의 형상에 따라 만들어졌다니 말이다. 어떻게 형상을 지니지 않은 것의 형상에 따라, 묘사할 수 없는 것의 형상에 따라 누군가를 묘사하겠는가?

이 문제를 두고 논쟁한 뒤 유대교 사상가들은 마침내 다음과 같이 선언했다. 우리는 우주와 사물을 묘사할 수 있다. 우리는 식물, 동물, 사람을 묘사할 수 있고 세상 모든 것을 예술적 재현의 형태로 만들 수 있지만, 인간의 얼굴을 완전하게 묘사하지 않도록 하는 것에 매우 주의할 필요가 있다. 그것에 미묘함이 있는 것이다.

완전한 인간의 얼굴을 묘사하는 것에 무슨 문제가 있는가? 대답은 형용사에 있다. 유대교가 이해하고 있는 것은 소유주, 육체 혹은 얼굴 자체의 묘사가 아니라 완전함이다. 즉 어떤 사람이 재현함으로써 모든 것을 말한다고 상상하고, 다른 사람을 완벽한 것과 죽음으로부터 완전한 어떤 것으로 만든다고 주장할 수 있는 생각에 경고를 보내는 것이다.

02
코코(프랑스)가 그린
델핀 오르빌뢰르의 모습

미소 짓는 얼굴을 그린다면, 그의 모습은 미소 속에서 굳어진다. 위험은 그에게서 다른 것, 예를 들어 싫은 표정을 할 가능성을 지워버리는 것이다. 모든 그림이나 재현은 대상을 단 하나의 시선으로 한정하고, 묘사된 사람과 다른 것이 되는 것을 불가능한 것으로 제한한다.

묘사가 한 사람의 특징을 나타낼 모든 가능성을 결코 대신하지 않을 것을 어떻게 확인하고, 그것이 보여줄 수 있을 모든 것의 죽음을 최종적으로 확인하지 않을 것을 어떻게 확인할까? 유대인의 사고에 관한 이런 문제 제기는 데생 화가들과 만화가들에게 걱정거리를 던져줄 것이다. 연필은 단지 개인의 단면만을 그려내고, 또 다른 특징을 지움으로써 의도적으로 강조된 요소만을 인식하게 한다는 사실을 상기할 필요가 있다. 특징을 상세히 설명하고 인간의 정확한 이미지에 완전성을 부여하지 않는 것에 있어 만화가 이상으로 더 잘 아는 사람은 아무도 없다. 만화가에 따르면 명확해질 만한 측면이 있다는 것만큼은 명확하다.

그런 관점에서 보면 시사만평은 모든 재현 중에서 권한이 가장 많이 주어진 묘사일 것이다. 만평은 그것을 보는 사람이, 어떤 묘사도 자기 자신과 그의 세계 혹은 믿음으로 축소된 이미지 속에 사람을 가두어서는 안 된다는 사실을 기억하도록 도와주기 때문이다. 바로 여기에 만화가들과 사상가들 전체가 맞서야 할 복잡성이라는 도전이 있는 것이다. 말하자면 각각의 작품에서 누구도 자기 자신의 한 부분으로, 스테레오타입과 클리셰로 단순화되지 않는다는 것을 상기시키면서, 작품을 보는 사람에게 확대경을 건네줄 가능성을 만들어내는 것이다.☞66쪽 그림03

03
벨캄사Belkhamsa(튀니지)

헬레 베지 Hélé Béji

작가(튀지니)

형식적인 토론을 하지 말고, 이슬람 문화는 세속적이든 성스러운 것이든 추상적인 형태만이 정신적인 힘에 다가갈 수 있으므로 추상적 관념을 선호한다고 말해보자. 추상적 관념은 인간의 내재성과 신앙의 내재성 재현이다. 그런 식으로 내재성의 이해는 이미지로 표현하는 것의 금지, 그 이상으로 이루어져야 한다. 하지만 주제를 세 가지 관점에 따라 차라리 정치적인 맥락에서 고려해야 할 것이다.

첫 번째, 탈식민지화의 참담한 결과이다. 반反식민주의는 더 좋은 세상을 만들어내지 못했고 인간 조건을 개선하지도 못했다.

두 번째, 현재 민주주의의 패권은 군사적이고, 미디어를 통한 피해가 민주주의의 가치 그 자체를 약화한 제국주의적 성격을 갖는다.☞ 70쪽 그림01 정복과 확장의 민주주의는 교권 정치를 역설적으로 강화한 일종의 교리가 되었다. 앞으로 사람들은 종교적인 표현과 민주주의의 표현이 서로에 대한 풍자였던 것처럼, 민주주의와 교권 정치를 한 쌍으로 생각할 것이다.

세 번째, 튀니지 혁명을 고려할 수 있다. 튀니지 혁명은 정치적 압박과 종교적 압박에 대항해 승리를 거둔 프랑스 혁명과 혼동할 정도로 흡사했다. 처음 며칠 동안은 명확했다. 혁명의 자유가 종교의 쇠퇴를 알렸으니 말이다. 사람들은 민주주의가 쇠퇴의 선상에서 세워질 것으로 믿었지만 그것은 착각이었다. 이슬람교는 약화하지 않았을 뿐 아니라 민주주의의 자유에서 힘차게 깨어났다. 이 한 쌍은 불가분의 것이 되었다.

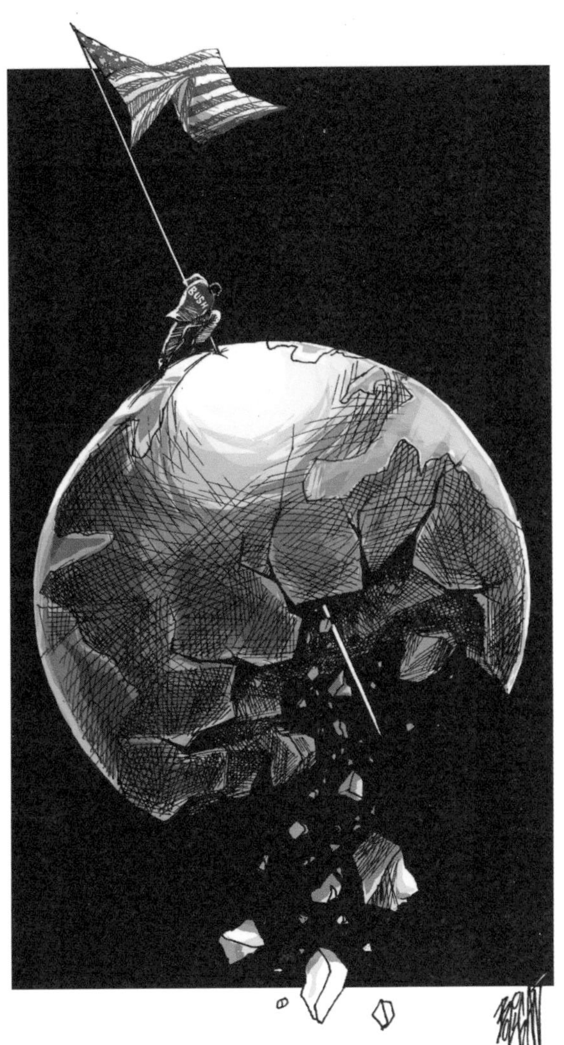

01
볼리간(멕시코)이 본
미국의 헤게모니

성직자의 퇴장이 민주주의보다 우선시되었던 과거의 역사적 질서는 바뀌었다. 이슬람교는 어떤 의미로 보면 자유의 경험을 되찾았다. ☞ 71쪽 그림02 이슬람교는 민주주의의 열정이 되었다. 역설이지만 서구 민주주의의 선전 활동은 민주주의의 정체성을 추구하는 이슬람의 재출현을 도왔다. 유럽에서 일어난 비기독교화와 달리 이슬람 사회의 비이슬람화는 없었다.

자본주의,
"알라는 위대하다"

LE CAPITALLAHISME

02
Z(튀니지)가 본 사우디의 체제

03
벨캄사Belkhamsa(튀니지)

덧붙여 말하면 “신은 죽었다”라는 진술은 이슬람 세계에서는 완전히 이해되지 않는 말이다. 상상할 수 없는 말이다. 분노할 만한 말은 아니지만 이해되지 않는 말이다. 신을 표현할 수 없다면 신의 부재도 표현할 수 없다. 풍자화는 신의 모습을 흉하게 만들지 않는다. 그것은 부차적인 일이지만 풍자화는 신의 부재를 노골적인 방식으로 강조한다. 그것은 이슬람교도들이 아직 내면화하지 못한 어떤 것이다.

정치적, 역사적 맥락에서 이슬람 극단주의자들의 맹신은 하늘에서 뚝 떨어진 것이 아니다. 그것은 우리의 민주주의의 가치와 더불어, 그들의 전체주의의 가치와 더불어, 문화 밖에서 온 것이 아니다. 그것은 내재하는 방식으로 나타나는 근대성의 발전, 그 자체의 성격을 띠고 있다. 또한 그것은 민주주의의 표현 그 자체의 변화와 관련이 있다.

풍자화의 문제로 다시 돌아가면, 제한 없이 그림을 그리는 즐거움이 어떤 사람들에게는 우스꽝스러울 수도 있는 신앙심의 배려보다 더 중요하다면, 그것은 사회적인 호의가 없는 것이다. 아버지와의 관계는 우리 사회에 극도로 뿌리 깊게 남아 있다. 이와 같은 내면의 존경이 어떤 풍자화에 의해 푸대접을 받고 있다. 풍자화는 조상을 향한 내면의 존경심을 지키는 데 명예를 건 사람들의 감성에 상처를 주고 있다.

바로 여기에 오해가 있다. 그것은 종교적 의미에서 성스러운 것에 대한 존중을 말하는 것이 아니다. 만화가가 인종주의자이거나 반이슬람교라는 것이 아니다. 그것은 민주주의적인 규범이 되어버린 자신의 욕망에서 비롯된 끝없는 이미지의 강요에 굴복했기 때문이다.

튀니지의 풍자 작가의 예를 들면, 이미지를 어떻게 다루고 그것에서 어떻게 빠져나오는지 알 수 있다. 그들은 수염을 기른 사람을 냉혹하게 다룬다.☞72쪽 그림03 하지만 그들은 억압적인 방식으로는 절대로 행동하지 않는다. 그들은 그럼에도 인간에 불과한 무함마드를 절대로 조롱하지 않는다. 왜일까? 인간으로서 그는 조상의 혈통과 위엄을 구현하기 때문이다. 튀니지 혁명은 종교의 횡포에 맞서 모든 측면에서 자유로운 발언을 가능하게 했다. 프랑스에서도 이슬람교도들에게 감히 사용할 수 없을 불손한 말을 할 수 있도록 말이다. 그렇지만 혁명은 조상들에 대해 경건한 마음을 갖고자 하는 민중의 애착을 간직하고 있었다.

결론적으로 '엄밀한 의미에서' 법으로 정해진 민주주의는 충분하지 않다. 과거의 것과 새로운 것 사이에서 활발한 소통이 부족하다. 튀지니 만화가들은 풍자만화를 그리면서도 한편으로는 조상들에게 충실했다. 그것이 예의이고, 그것이 시민 평화의 비밀이다.

예의는 행동의 내적 기준을 규정하는 불문율이다. 그것은 권한을 남용하면 관계를 단절시키기 때문에 인간의 모든 것에 대해서 말하지 않는 권리 이상의 어떤 것이다.

테러리즘은 서구 현대 사회에 존재하는 자유의 변모에서, 과도한 개인주의의 일탈이 약화시킨 관계의 파괴에서 가장 잔인하고 가장 비인간적인 징후이다. 오늘날 우리는 불안정한 상태에서 살고, 경찰의 지속적인 감시 상태에 다시 놓여 있으면서도 계몽사상에서 벗어나 있다. 예의와 사람 사이의 관계 회복을 위해 해야 할 일은 수없이 많다.

안토니오(포르투갈)
교황 베네딕토 16세는
2006년 레겐스부르크에서
이슬람의 폭력성에 관한 말을 하여
이슬람 세계에서 논쟁을 불러일으켰다.

레드!Red!(프랑스)

레이마(베네수엘라)가
본 프란치스코 교황

"밟고서 걷다니 어처구니없네.
끝내주게 재미있어!"

루Loup(프랑스)

튀니지에서의 코란에 대하여
라마단 기간 동안 휴업, “어이!”, “어이!”

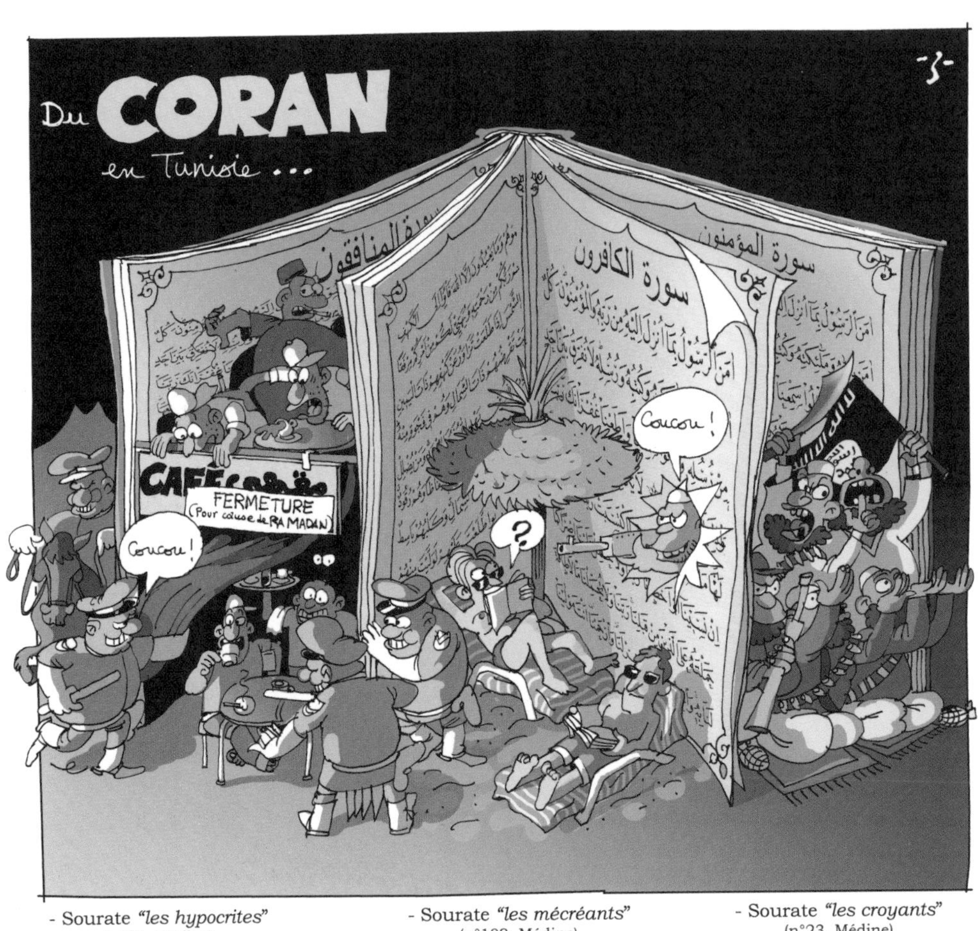

Z(튀니지)

“위선자들”에 관한 장 (메디나, 63호)
“신앙심이 없는 사람들”에 관한 장 (메디나, 109호)
“회교도들에 관한 장” (메디나 23호)

알라 클르루À la queuleuleu

Z(튀니지)

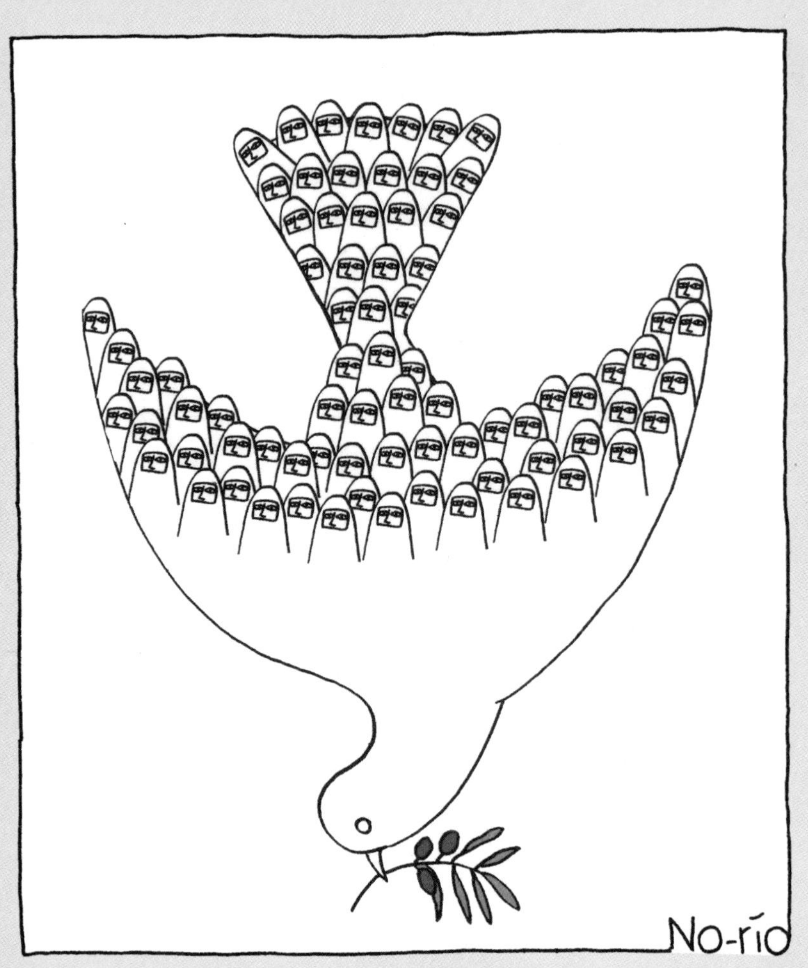

노리오(일본)

하데러Haderer(오스트리아)
하데러의 연재만화 '예수의 생애'는 2002년에 출간되었다. 이듬해 그리스에서 출간되어 격렬한 정치적 논쟁을 불러일으켰다. 그리스 정교회는 작가가 예수를 서퍼와 대마초 흡연자로 표현했다고 비난했다. 하데러는 그리스 법정에 소환되었다.
그는 '공공풍속 위반' 혐의로 궐석재판에서 6개월 형을 선고받았다.
그는 국제사회에 도움을 청했고 형벌은 2005년에 폐지되었다.
하데러는 유럽의 체포영장 체계를 위반한 최초의 예술가였다.

"종교는 사람들을 한데 모이게 하지!"
하마스

플랑튀(프랑스)

종교 얄타 회담
“당신의 종교에도 동정녀가 있소?”

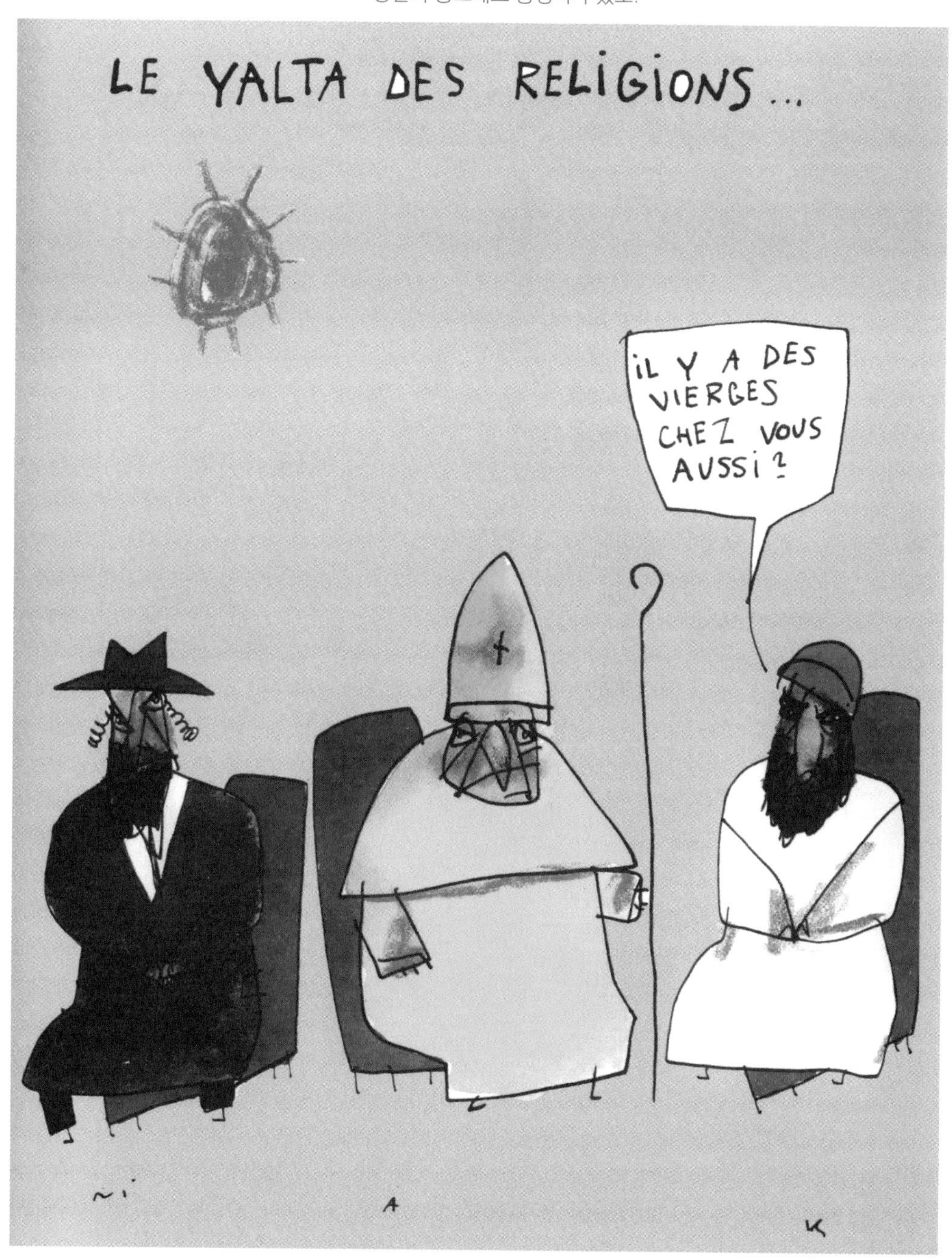

위즈니악Wozniak(프랑스)

"모든 종교를 존중해라."
"맞는 말이야?"

크롤(벨기에)

크롤(벨기에)

"자…" "당신은 이 사제가 그 아이에게 겪게 했던 것을 겪을 것이오."
"오, 감사합니다. 신부님." "감사합니다."

볼리간(멕시코)

예지 글루셰크(폴란드)

리베르Riber(스웨덴)

다리오(멕시코)

심리 상태

최전선의 만화가들

개탄스러운 일이지만,
어떤 사람에게는 시사만평이 폭탄이고
저자는 쓰러트려야 하는 표적이다….
이런 환경에서 자유와 책임을
어떻게 양립시킬 수 있까?
자기 자신이 최전방에 있을 때 전선을
어떻게 정할 수 있을까?

로르 칼텐바흐Laure Kaltenbach(아비뇽 포럼 위원장과 창립회원) 리스RISS《샤를리 에브도》출판 및 편집 국장), 플랑튀('카투닝 포 피스' 협회장)의 토론

로르 칼텐바흐

《율랜츠포스텐》에서 무함마드의 풍자만화를 출간하고 6년 뒤, 《샤를리 에브도》 편집국 테러로 17명이 살해당했고 이 사건을 계기로 400만 명의 시민이 거리로 몰려나왔으며 행렬의 선두에는 약 50명의 국가 원수와 정부 수반이 있었습니다. 파리 거리에 모인 전 세계 정치인들의 강렬한 이미지는 현실을 해석하기 위한 풍자와 시사만평의 중요성을 상기시켰습니다. 우리는 그 이미지를 통해 만화가들이 최전선에 있다는 사실을 자각했습니다.

플랑튀

리스 씨, 어떻게 계속 그림을 그리고, 어떻게 새로운 어려움을 감당할 수 있고, 어떻게 동시에 활력을 찾습니까?

언론의 자유

대릴 케이글Daryl Cagle(미국)

리스

활력을 찾는다는 말은 적절하지 않습니다. 나의 비전은 과거와 미래에 대한 장기적인 비전입니다. 사건의 전말은 여러 해 전부터 시작되었고, 2015년 1월의 테러에 이르기까지 악화되었으며 당시 충분히 받아들여지지 못한 어떤 과정에 나타나 있습니다. 1990년대 《샤를리 에브도》는 반기독교 인종주의라며 지속해서 우리를 고소했던 체제 유지적인 가톨릭 협회에 사법적 공격을 받았습니다. 가톨릭 협회는 프랑스 법을 통해 범죄를 인정받으려고 애썼습니다. 다행히 법원은 인종주의와 반기독교 인종주의 사이의 기이한 화학적 결합을 인정하지 않았습니다. 하지만 어떤 사람들이 그런 식으로 생각했다는 것을 알고 우려하지 않을 수 없었습니다. 그 일을 또 다른 언론 매체에 알리자 그들은 관심을 두지 않았습니다. 그 사건은 다음에 일어날 일의 전조였습니다.

모든 사람이 위험에 놓여 있습니다. 우리는 만화가들이 겪는 고통 이상의 것을 보아야만 합니다.
리스

우리가 풍자만화를 정상적으로 출간하자, 이번에는 이슬람교도들이 반이슬람교 인종주의로 처벌하고자 우리를 고소했습니다. 가톨릭 협회에 내려졌던 판례를 두고, 프랑스 법정은 결정을 취소할 수 없었습니다. 법정은 이미 판결을 내렸다는 사실을 분명히 했습니다. 우리는 무함마드를 두고 다소 풍자적이거나 신성모독적인 그림을 그렸어도 반이슬람교 인종주의로 처벌할 수 없습니다.

"한 편의 만화가
설교보다 더 낫지!"

딜렘Dilem(알제리)

"나의 표현의 자유를,
리스와 위험을 위해!"

키치카Kichka
(이스라엘)가 본 리스*

몇 년 뒤 우리는 방화를 당했습니다. 그다음 살해당했습니다. 종교에 관한 그림을 그리고자 하는 우리의 의지는 바뀌지 않았습니다. 하지만 2015년 1월 7일 테러에 이르기까지 환경은 강경해졌습니다. 다음 단계에서는 무슨 일이 일어날지 생각했습니다. 어떤 종교나 또 다른 종교의 그림을 그릴 권리를 주장했다는 단순한 이유로 살해당한다면 앞으로 무슨 일이 일어날까요? 테러 이후 9개월이 지나자 나는 다른 시각을 갖게 되었습니다. 풍자만화를 이유로 우리에게 총을 쏜 것은 구실일 뿐이었습니다. 우리는 더 이상 그림이나 신성모독이라는 문제 속에 있지 않습니다. 그들은 문화적 혹은 지적 다양성을 원하지 않습니다. 다른 사람들도 그런 종류의 테러에 희생될 것입니다. 그들은 기자도 풍자 만화가도 아닐 것입니다. 모든 사람이 위험에 놓여 있습니다. 우리는 만화가들이 겪는 고통 이상의 것을 보아야만 합니다.

플랑튀

우리는 정기적으로 학교를 방문합니다. 4학년에서 졸업반에 이르는 아이들과 생각을 주고받다 보면, 많은 젊은이가 샤를리라면 또 다른 젊은이는 샤를리가 아니라는 사실을 깨닫습니다. 오래전 에콰도르의 만화가 보닐과 튀니지 출신의 튀니지에서 온 윌리스Willis from Tunis와 센생드니에 있었습니다. 4학년 학생들이 우리에게 《샤를리 에브도》의 만화가들이 죽은 것이 자업자득이라고 말했습니다. 엄청난 일입니다….

나는 아랍에 갈 때 그들에게 계몽주의 시대와 민주주의에 대한 우리의 비전을 설명하려 하지 않습니다. 그들이 이해하지 못하기 때문입니다. 나는 특히 아랍을 식민지의 시선으로 보고 싶지 않습니다. 우리는 그곳에 의견을 나누기 위해 가는 것이지, 어떻게 이런저런 그림을 그리고, 어떻게 이런저런 신성모독을 하는지 그들에게 말하려고 가는 것이 아닙니다.

Rester
concentré...
Faire comme si
de rien n'était...
Se marrer...
Surtout se
marrer...
A Cabu, Charb, Honoré, Tignous, Wolinski et aux douze autres victimes des attentats du 7 janvier 2015.

"집중하고 있어야 해…
태연한 척하는 거야…
포복절도하는 거 말이야…
특히 포복절도하는 거…"

2015년 1월 7일의 테러 희생자인
카뷔, 샤르브, 오노래, 티그누, 볼린스키와 또 다른 12명을 위해.

바도Vadot(벨기에)

리스

《샤를리 에브도》의 그림은 단지 조롱하기 위해 그린 것이 아닙니다. 우리는 정치적 견해를 가지고 있습니다. 나는 민주주의, 그러니까 사람이 법을 만드는 체제 속에 살고 싶지 신에게 법이 나오는 신정정치 시대에 살고 싶지 않습니다. 유감스럽지만 우리는 더 젊었을 때부터 이런 사고로 교육받은 사람들을 마주하고 있어도 대화의 문제가 생깁니다. 나는 나의 견해를 포기하지 않을 것입니다. 나는 종교적 법칙이 지배하는 사회에 사는 것을 받아들일 수 없습니다. 그것이 진정한 사회적 과제이고 그 안에 식민주의적인 것은 전혀 없으며 모욕적인 것도 전혀 없습니다. 또 다른 곳에 사는 사람들이 충격받을 것이기 때문에 나는 더 이상 항복하지 않을 것이고 나의 사회적 견해를 반드시 지킬 것입니다. 나의 견해를 지키는 것이 사람들을 모욕하는 것은 아닙니다. 나는 모든 종교에 대해 그림을 그릴 권리를 항상 주장할 것입니다. 그것이 종종 기분을 상하게 만들지라도 말입니다.
무엇보다 세상에는 《샤를리 에브도》처럼 생각하는 사람들이 있을 것으로 생각합니다. 다만 그들은 소수입니다. 그들은 침묵하고 있습니다. 《샤를리 에브도》는 고립된 사람들, 그러니까 혼자 생각하는 사람을 항상 결집시켰습니다. 그들은 잡지를 읽으면서 다른 사람들도 자신들과 같이 생각한다는 사실을 깨닫습니다. 나는 아랍에서도 많은 사람이 그들의 종교 교육에도, 그 정도로 신을 믿지 않는다는 것을 확신합니다. 그들은 평생 엄격한 규칙에 묶여 살고 싶지 않습니다. 우리는 그들이 가치 있게 살 권리가 있고, 그들은 종교를 믿지 않고 종교적 사회 속에서 살고 싶지 않다고 주장할 권리가 있다는 사실을 그들에게 말해줍니다. 우리는 그들을 위해서 그림을 그립니다. 우리는 가르침을 주기 위해 있는 것이 아니라, 사회의 과도한 종교적인 이해를 혼자 감당하고 있는 사람들과의 관계를 만들어나가기 위해 있는 것입니다.

스타브로Stavro(레바논)는
헤즈볼라 지도자 하산 나스랄라Hassan Nasrallah를 그리는 것을 주저하지 않는다

플랑튀

당신과 나, 우리는 정치 풍자만화가이지 종교 풍자만화가는 아닙니다. 베이루트의 만화가인 스타브로는 항복하지 않습니다. 그가 헤즈볼라의 지도자 나스랄라를 그리자 나스랄라가 그에게 전화를 걸어 자신은 무함마드의 후손이니까 그림을 그리지 말라고 요구했을 때, 스타브로가 그에게 자신의 일은 정치에 관여하는 것이라고 대답한 점이 훌륭하다고 생각합니다.
스타브로는 대담하게 헤즈볼라 지도자를 조롱했습니다. 그 때문에 그는 자동차를 운전하려고 시동을 걸 때 차가 폭발할지도 모른다는 사실을 알고 있습니다. 대단한 용기입니다. 우리는 본질적으로 아무것도 포기하지 않은 채 계속 그림을 그릴 수 있고, 인권 보호에 대해서도 알 수 있습니다.

금기를 교묘히 피해 가는 방법이 항상 있기 마련입니다.
플랑튀

리스

우리가 혼자가 아니라는 사실을 알아서 다행입니다. 앞서 언급했던 것을 확인했습니다. 그러니까 아랍에서도 다른 견해를 가지고 있으면서 안심하고 자유롭게 그것을 표현하고 싶어 하는 사람들이 있다는 사실을 당신도 알고 있다는 말입니다. 우리가 그림을 그리는 것은 바로 그들을 위해서이기도 합니다.

"우리에게 평화를 주세요."

플랑튀(프랑스),
무함마드의 풍자만화 출간 이후
《샤를리 에브도》 소송에 관한 그림

Le Monde

www.lemonde.fr

JEUDI 8 FÉVRIER 2007

Le malaise des fonctionnaires fait irruption dans la campagne

Administration La proposition de Sarkozy de réduire les effectifs de l'Etat divise la droite

Caricatures Le procès de « Charlie Hebdo » s'est ouvert à Paris

Université : Villepin propose de moduler les droits d'inscription

Bruxelles s'attaque aux « crimes contre l'environnement »

2007년 2월 8일 자 《르몽드》 1면

"자욱한 연기로 끝날 텐데."

그라베크Graabæk(덴마크)

플랑튀

만약 우리가 관용이 없는 사람들보다 더 재치가 있다면 별문제 없을 것입니다. 덴마크 만화가 라스 레픈Lars Refn의 친구인 카르스텐 그라베크Carsten Graabæk는 신을 셋으로 그렸습니다. 그는 무함마드를 모자이크 처리했기 때문에 어떤 문제도 일으키지 않았습니다. 금기를 교묘히 피해 가는 방법이 항상 있기 마련입니다.

리스

그 경우는 금기를 교묘히 피해갔기 때문에 존중되었습니다. 그것이 문제입니다. 신성모독에 맞서 싸우자면 금기를 과감하게 그려야만 합니다.

플랑튀

나는 신성모독에 관심이 없습니다. 그것은 감정적인 것입니다. 내가 해양 스카우트 단원이었을 때 우리는 '토끼'라는 단어를 말할 권리가 없었습니다. 그 말은 선상에서 불행을 가져온다고 여겨졌기 때문입니다. 바보 같은 생각이지만 그랬습니다. 만화가로서 나의 일은 선장이 선창船艙에서 인도네시아 사람을 착취하면 그를 고발하는 것입니다. 무슨 일이 있어도 '토끼'를 말하고 싶어 하는 것이 아닙니다.

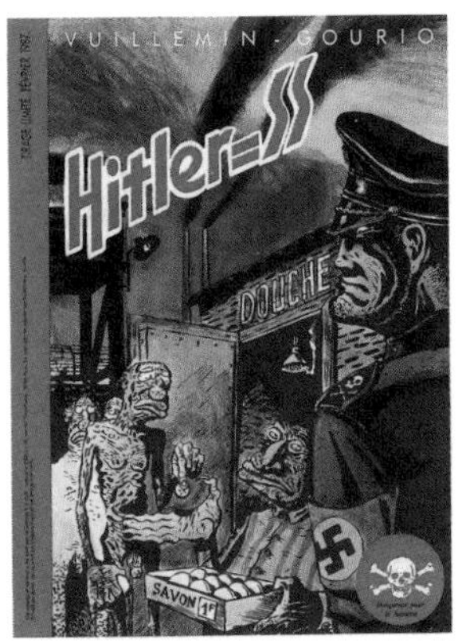

1987년에 출간된 구리오와 비유맹의 연재만화,
<*히틀러*=SS>

나의 투쟁
그레이의 50가지 그림자
"뭘 고르지…."

리스(프랑스)

리스

나는 사람들이 내게 그들의 주관적인 감정을 강요하는 것을 받아들이지 않습니다. 나 역시 깊은 감정을 느끼지만 그것을 사람들에게 강요하지 않습니다. 나는 정반대의 것을 생각하는 것을 막지 않을 것입니다. 감정적인 것은 내게 완전히 자의적인 것입니다.

감정적인 것의 이름으로 폭력을 행사하는 것이 정당하다고 생각하는 사람들이 있습니다. 그것은 받아들일 수 없는 일입니다. 감정적인 것을 규칙을 정하기 위한 확고한 기준으로 삼는 짓을 멈춥시다. 나는 감정적인 기준이 아니라 객관적이고 합리적인 기준을 원합니다. 그렇지 않으면 그것은 가장 완전한 독단에 빌미를 줍니다.

"우리가 이 나라에서 표현의 자유의 혜택을 누린다는 사실을 이슬람교도들이 이해하는 것이 중요해요."
"선생님, 저마다 자기가 생각하는 것을 말할 권리가 있어요." "그렇지!" "무함마드를 조롱하는 모든 사람에게 죽음을!"

그라베크(덴마크)

"자유,
네 이름을 쓴다."

리스(프랑스)

플랑튀

그렇다면 뷔유맹Vuillemin과 구리오Gourio의 홀로코스트에 관한 연재만화 <히틀러=SS>[1]를 재출간할 수 있다고 생각합니까?

리스

왜 그것을 지금 재출간하지 못한단 말입니까? 내용이 무엇입니까? 그것은 종교적인 문제가 없습니다. 신성모독은 없습니다.

플랑튀

당신을 그렇게 할 수 없을 것입니다.

리스

무슨 명목으로 말입니까? 그 책은 팔리고 있습니다.

플랑튀

그래요. 하지만 판매를 금지하고 있습니다.

---

1 <히틀러=SSHitler=SS>는 장 마리 구리가 글을 쓰고 필립 비유맹이 그림을 그려 월간지 《할복자살》에 연재한 만화이다. 2차 세계대전과 나치 강제 수용소를 블랙 유머로 다룬 이 만화는 이해 당사자들을 중심으로 많은 정치적 논쟁을 불러일으켰고 유럽의 여러 국가에서 금지되었다.

리스

금지하지 않았습니다. 내가 서점에서 샀다니까요. 내가 그것을 샀다고 거리에서 나를 쫓아온 사람은 없었습니다. 누구도 그 책 때문에 죽거나 살해당하지 않았습니다. 그렇고말고요.

플랑튀

우리가 학교에 갔을 때 아이들이 우리에게 이중 잣대가 적용되었다고 말했습니다.

리스

전혀 그렇지 않습니다. 종교적인 모든 것은 계시된 진리의 영역에 속합니다. 객관적으로, 과학적으로 그것은 아무 가치가 없습니다. 우리는 역사가들이 확인한 역사적 사실과 사람들이 성령의 힘으로 부여하는 것을 비교할 수 없습니다. 나는 완전히 비이성적인 종교적 현상을 규칙으로 여기는 사람들이 사는 세상에서 살 수 없습니다. 프랑스와 대다수 나라의 선택은 우리가 신정정치의 사회에 있지 않다는 것입니다. 종교에 속하는 모든 것은 개인적인 것으로 머물러야 합니다. 사적 영역에서는 저마다 자신이 원하는 것을 하고, 자신이 원하는 금기를 자신에게 강요합니다. 누구도 그런 금기를 사회에 강요해서는 안 됩니다. 단지 그뿐입니다.

신성모독에 맞서 싸우자면
금기를 과감하게 그려야만 합니다.
리스

플랑튀

만화를 그린다는 것은 종종 큰 위험을 무릅쓰는 일입니다. 나치 점령 시기를 생각해보면, 나는 파리의 담벼락 위에 로렌의 십자가[2]를 그리는 것은 충분히 용기 있는 일이었다고 생각합니다. 하지만 나치 앞에서 그런 그림을 그리고 비극을 무릅쓰기보다는 레지스탕스에 합류하는 것이 더 효과적이었다고 생각합니다. 오늘날에도 우리는 어느 정도 비교할 만한 상황에 있습니다. 이미지에 대해 전혀 이해하지 못하고, 인터넷 덕분에 파리의 거리를 마음대로 다니면서, 악의를 품고 있는 이해심이 없는 사람들이 있으니까요.

리스

2015년과 1940년은 다릅니다. 내 생각으로는 우리가 사는 시대의 특수성을 이해하는 것이 훨씬 더 어렵습니다. 우리는 풍자만화에 한정된 문제로 시작했고, 지금은 우리의 모든 자유를 비난하는 사람들을 상대하고 있습니다. 그들은 신에 대한 두려움 속에 살면서 폭력과 위협, 협박을 통해 그 두려움을 전 사회에 퍼트리려 합니다. 오늘날 우리가 겪고 있는 것은 나치 혹은 누구인지, 무엇인지 모를 것과 아무런 관련이 없습니다. 그런 자들, 그들의 바보 같은 말, 그들의 어리석은 논거에 동요해서는 안 됩니다. 우리는 우리가 하는 것을 계속해서 해야만 합니다. 우리

2 2차 세계대전 당시 드골의 자유 프랑스 정부가 프랑스 국기에 그려 넣었던 십자가로 독일에 대한 저항의 상징이다.

나치 독일 점령 기간

Sous l'Occupation

자유

만화를 그릴 자유

플랑튀(프랑스)

무스타파 토자키Mustafa Tozaki(키프로스)

는 이제부터 만화가들뿐만 아니라 모든 사람이 위협받고 있다고 생각해야 합니다.

플랑튀

동의합니다. 나는《샤를리 에브도》의 풍자만화가 출간되었을 때 이집트에 있었습니다. 우리의 작업을 알고 있는 어떤 만화가들이 왜 자신을 모욕하려고 했는지 나에게 물었습니다. 우리는 그 말을 이해하지 못한 만큼 진정한 대화를 나누지 못했습니다.

리스

그 반대입니다. 그들을 모욕하려 하지 않은 것을 이해하지 못한 사람은 바로 그들입니다.

플랑튀

나는 그들에게 계속해서 설명했습니다. 예를 들어 키프로스 출신의 이슬람 만화가 무스타파 토자키Mustafa Tozaki는 정교회 신자들과 이슬람 신도들 사이의 대화를 이어주기 위해 그림을 그립니다. 놀라운 작업을 하고 있습니다. 그는 다른 사람들이 분열을 일으키려고 할 때 가교 구실을 하려고 애씁니다.

플랑튀(프랑스)

1월의 비극적 사건 다음인 2015년 2월 팔레스타인에서 출간된 그림에는, 심장 모양의 작은 지갑을 들고 지구를 보며 슬픔을 나누려는 예언자 무함마드가 있습니다. 나는 기자가 팔레스타인 신문에 그것을 내보낼 수 있었다는 사실에 아연실색했습니다. 그는 다음 날 해고당했지만 곧 신문사에 복직했습니다. 하지만 우리가 자신의 부모와 조부모를 모욕했다고 생각하는 사람들이 있습니다.

만화를 그린다는 것은 종종 큰 위험을 무릅쓰는 일입니다
플랑튀

리스
그래요, 그들은 잘못 알고 있습니다. 그뿐입니다.

플랑튀
그런 이유로 그들과 대화해야 합니다. 이스라엘에 관한 그림을 그릴 때, 이스라엘 사람들과 대화해야 합니다. 프랑스에서 팔레스타인에 관한 그림을 그릴 때면 온갖 욕설을 듣습니다. 내가 이스라엘 만화가 키치카와 하이파에 갔을 때, 일이 술술 풀렸습니다. 가교를 놓기 위해서는 대화를 해야 합니다. 아랍 세계와 유대인 세계, 기독교 세계를 보러 가야만 합니다. 그들이 우리 그림을 전혀 이해하지 못한다고 생각하면서 자기 안에 갇혀 있으면 앞으로 나아갈 수 없습니다. 본질적인 것을 포기하지 말고 손을 내밀어 악수해야 하고, 샤를리인 아이들과 샤를리가 아닌 아이들과 대화해야 합니다. 우리는 대화 가능한 세계를 만들어야 합니다. '카투닝 포 피스'에서 애쓰는 것이 바로 그런 일입니다.

가토Gatto(이탈리아)

"우리는 이념을 이유로 죽이지 않아….
우린 너무 바보 같아!"

코테(캐나다)

시사만평가

글레즈Glez(부르키나파소)

풀지 못하는 붉은 실

튀니지에서 온 윌리스(튀니지)

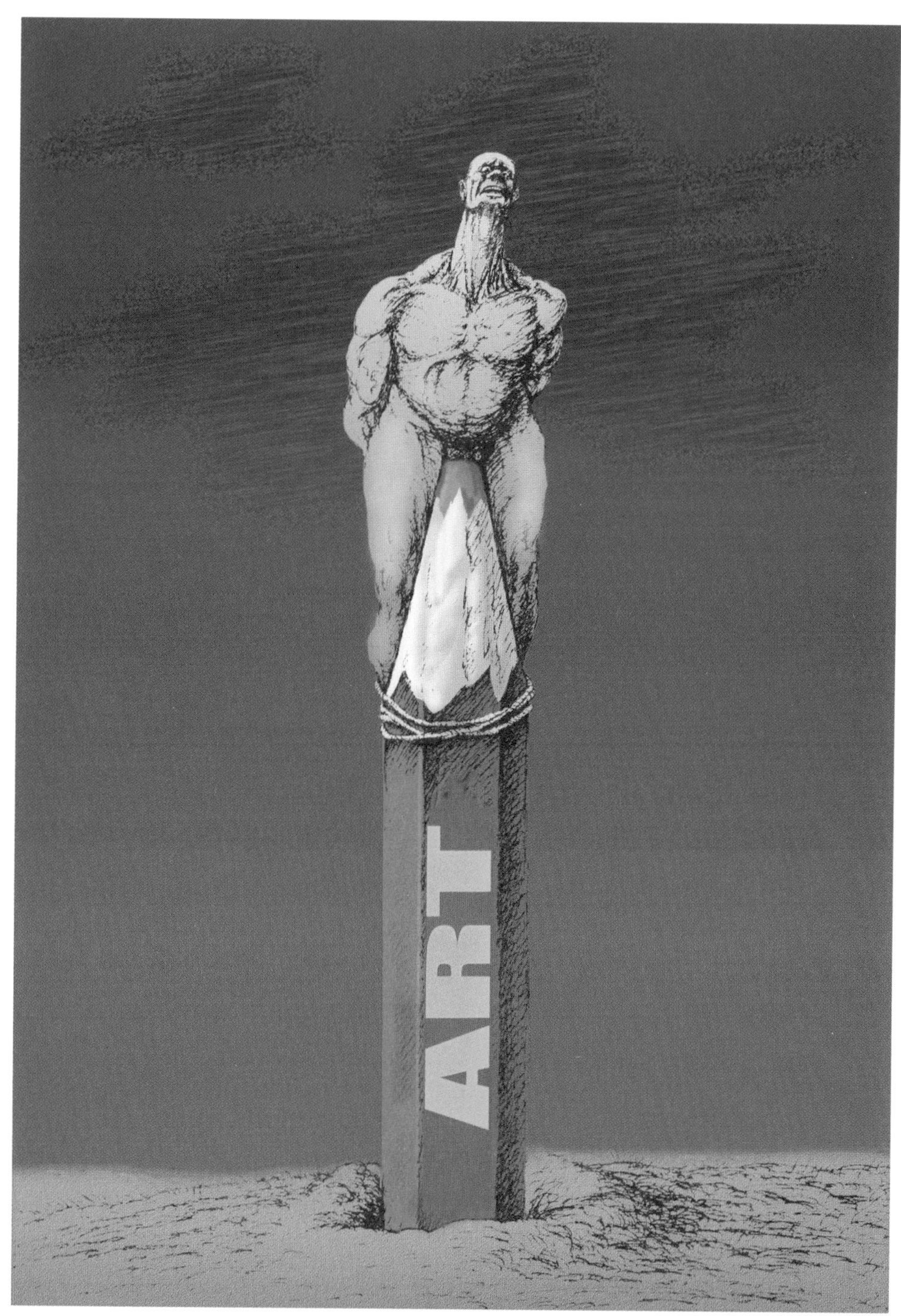

츠라트코프스키Zlatkovsky(러시아)

네가 트위터를 하면 나는 죽어

인터넷은 메시지를 세계적으로 확산시켰다.
인터넷이 느리게 변화하는 문화적
무의식(감수성, 감동, 정서)을 확산시킨 것은 아니다.
데프로주는 "모든 것을 비웃을 수 있지만 모든 사람과
함께 그렇게 할 수는 없다"라고 말했다.
하지만 우리가 인터넷에서 웃을 때 우리는 모든 사람
앞에서 그렇게 하는 것이다. 그것이 새로운 점이다….
볼테르는 전 세계적인 인물이 아니었고 도미에[1]도
그랬다. 그렇다면 지금은 행복한 시대인가?

1 오노레 도미에는 프랑스 태생의 판화가이자 만화가이다. 19세기 정치, 사회상을 만화로 그려 명성을 얻었다.

로르 칼텐바흐(아비뇽 포럼 위원장과 창립회원)와 만화가들, **라스 레픈**(덴마크), **레이마Rayma**(베네수엘라), **바도**(벨기에), **주나르Zunar**(말레시아)의 토론

로르 칼텐바흐

여러분은 오늘날의 현실을 현장에서 그리면서 그것이 인터넷에서 퍼져 나타날 결과를 곧바로 생각하십니까?

라스 레픈

놀라실 수 있지만 인터넷과 인터넷에 있는 제가 그린 만화의 효과에 대해 늘 생각합니다. 제 그림은 최초의 인터넷 매체였다고 볼 수 있는 매체에 1994년부터 올라왔기 때문입니다. 인터넷은 무서울 정도로 민주적인 수단입니다. 모든 사람이 그것에 접속할 수 있으니 말입니다. 하지만 민주주의를 믿지 않는 사람들의 손에서는 위험한 무기입니다. 내가 무함마드의 풍자만화 사건 이후에 배웠던 것은 문맥에서 그림을 떼어내면 그것이 제대로 이해되었는지 확실하지 않다는

'악의 축'
위키리크스
트위터, 페이스북

코테(캐나다)

우리는 우리의 그림을 누가 무엇을 위해 사용하는지 결코 알 수 없습니다.

라스 레픈

것입니다. 만화가로서 자신의 독자들을 아는 것이 중요하고, 만화가들이 사용하는 언어, 상징, 은유, 지시 대상과 같은 수단을 독자들이 아는 것도 중요합니다. 그렇지 않으면 그림은 이해되지 못하거나 만화가가 전하고자 하는 메시지와 다르게 이해될 것입니다. 전 세계 사람들을 위해 만화를 그릴 수는 없습니다. 나는 독자들을 위해 만화를 그리고, 독자들을 위한 민주주의의 경비견이 되고자 합니다. 전 세계 사람들을 위해 만화를 그릴 수는 없습니다.

로르 칼텐바흐

그렇다면 자기검열은 하지 않습니까?

라스 레픈

합니다. 자기검열은 빈 종이를 보면서 시작됩니다. 항상 자기검열을 하는 거지요. 저는 선택합니다. 종이 위에 선을 그을 때마다 자기검열을 합니다.

만화가로서 내가 매체가 아니라는 사실을 이해해야 합니다. 저는 인터넷을 포함하여 편집 방침을 지키고자 하는 사주에게 의존하고 있습니다. 이를테면 제게는 언론의 자유가 없습니다. 저는 그것을 팔고 있습니다.

로르 칼텐바흐

주나르, 당신은 말레이시아 출신으로 특히 트위터에 아홉 개의 그림을 올렸다는 이유로 현재 43년 형을 받았습니다. 당신은 집요한 경찰 공격의 희생자이고, 당신의 만화는 압수당했으며, 편집자들과 인쇄업자들은 가택 수색을 당했습니다. 당신은 "어떻게 중립을 지킵니까? 내 연필도 입장이 있습니다"라고 대답했습니다. 그 말은 당신이 쉽게 포기하지 않는다는 사실을 보여 줍니다.

주나르

우리나라에서 제 만화는 신문에 싣는 것이 허용되지 않습니다. 저는 그림을 통해 정보와 메시지를 전하기 위해 인터넷에 의존합니다.

말레이시아에서는 트위터와 페이스북을 별로 사용하지 않습니다. 그래도 사람들은 소셜 네트워크 서비스를 이용하기 시작했습니다. 그것이 대안적인 시각에 접근하는 유일한 수단이니까요. 그런 이유에서 저는 그림을 그리고, 소셜 네트워크 서비스에 삽화를 올려서 확산시킵니다. 제 모든 삽화와 그림책을 공공질서에 위험한 것으로 간주하여 금지했기 때문입니다.

정부는 인터넷의 내용을 통제하려고 다음 국회 회기에서 법을 통과시키려 할 것입니다. 그것이 제 그림의 충격을 보여준다고 생각합니다. 정부를 비판하는 것이 문제가 아닙니다. 당신도 알다

"자, 어서! 그림을 줘…."

라스 레픈(덴마크)

주나르(말레이시아)
'말레이시아의
소요에 관한 법'

MALAYSIA SEDITION ACT

말레이시아 소요죄

시피 말레이시아는 60년이 넘게 같은 정당의 통치를 받고 있습니다. 부패가 엄청납니다. 이 나라에서 개혁을 불러일으키는 일이 우리에게 정말 필요하고, 저는 만화가로서 그런 일을 하고 있습니다. 나에게 재능은 타고난 능력이 아닙니다. 그것은 책임입니다. 말레이시아 사람들이 개혁을 위해 나와 합류하여 행동할 수 있도록 그들이 그림을 자유롭게 접할 수 있게 하는 것이 제 책임입니다.

로르 칼텐바흐

레이마, 당신은 베네수엘라에서 왔습니다. 당신은 19년 동안 일했던 신문사에서 해고 당하고 최근에 카라카스를 떠나 마이애미로 왔습니다. 해고 이유는 차베스와 베네수엘라의 건강 제도를 비판하는 만화를 출간한 것입니다. 트위터와 인터넷은 주나르에게 담당 검사 역할을 했습니다. 레이마, 반대로 당신은 소셜 네트워크와 트위터를 통해 구제받았습니다. 어떻게 된 일입니까?

레이마

베네수엘라에서 매체는 정부의 통제 속에 있습니다. 매체는 매수되고 억압당했습니다. 20년 동안 일한 뒤에 단지 평범한 만화를 그렸다는 이유로 해고 당했다면 그것은 우연이 아닙니다. 그러니까 힘든 일을 한 것입니다.
우리는 소셜 네트워크 서비스를 이용할 기회가 있습니다. 모든 삽화가와 만화가는 우리가 미디어에서 활동할 수 없음에도 작업을 지속시켜준 새롭고 색다른 공간으로 이주해야 했습니다. 그렇지만 우리는 자기 생각을 표현할 수 있고 세계 방방곡곡에 있는 다른 사람들과 정보와 의견

RAYMA

Cartoonist in Venezuela

레이마(베네수엘라)

레이마
베네수엘라에서의 만화가

베네딕트Bénédict(스위스)

우리는 어딘가에서 대담한 요원으로 활동합니다.
레이마

을 교환할 수 있습니다.

페이스북과 트위터에는 부정적인 측면도 있습니다. 나는 인터넷에서 24시간 내내 익명으로 모욕하는 사람들에게 공격받습니다. 독재 정부가, 의견을 올리고 생각을 표현하는 우리를 정치적으로 공격하기 위해 SNS를 이용하는 것이 분명합니다. 인터넷은 두 가지 측면을 가지고 있습니다. 이런 식으로 동시대와 세계화를 이해하려고 노력해야 합니다. 이것이 우리가 만화를 통해 노력하는 일입니다.

로르 칼텐바흐

당신이 베네수엘라를 떠나기로 했을 때 자기검열을 한 것입니까?

레이마

만화는 일종의 정신분석 작업입니다. 우리는 조금씩 자신의 감추어진 부분을 드러내지만 항상 가족과 문화, 종교, 정신적인 예의범절을 지키고 있습니다. 데생을 한다는 것은 풍자화를 그리

스하흐로크 헤이다리Shakrokh Heidari(이란)

기 위해 일상을 탐구하는 것이고, 그것은 문제를 재검토하게 하고 꼬리표를 떼어내는 것이라고 늘 생각했습니다.

우리는 끊임없는 비판이 필요합니다. 우리는 머리와 이성으로 작업을 합니다. 우리는 어딘가에서 대담한 요원으로 활동합니다. 우리는 정권, 경제 권력, 종교 권력과 충돌합니다. 물론 온갖 종류의 근본주의가 우리나라에서 가장 유해한 것 중 하나입니다. 베네수엘라에서 정부는 일종의 무함마드가 되었습니다. 정부는 대통령에 관한 만화를 처벌하기 위해 헌법을 침탈했습니다. 권력을 유지하고 영향력을 지속시키기 위해서 말입니다. 모든 통치자는 부패했습니다. 나는 문제를 재검토하고 동시대를 비판해야 한다고 생각합니다.

로르 칼텐바흐

바도, 당신은 '카투닝 포 피스' 협회의 부회장입니다. 당신은 거주지가 벨기에에 있고 프랑스, 오스트리아, 영국이라는 삼중 국적을 가지고 있어서 사상, 그림, 만화가 전할 수 있는 여러 인식에 대단히 민감하면서도 독자적인 시각을 가진 관찰자가 되었습니다. 당신은 국경 없는 이 세상에 어떻게 대처하고 있습니까? 기대와 어긋난 결과가 나타날 수 있지 않을까요?

바도

기대와 어긋난 결과가 나타날 수도 있습니다. 우리가 보편적인 가치를 가지고 있더라도 그 가치는 반드시 보편적으로 공유된 것이 아니라는 사실을 이해하는 것이 중요하기 때문입니다. 사람들은 사실을 유감스럽게 생각하고 나도 그렇게 생각하지만 우리가 생각하는 규범이 반드시 규범은 아닙니다. 그림을 그리면서 그것이 문맥을 통해, 그리고 지구의 반대편에서 나올 수 있다

홀Hall(미국)

는 사실을 감출 수 없습니다. 그림은 국경을 뛰어넘을 수 있는 능력이 있습니다. 인터넷이 그런 매체입니다. 이제 제한된 틀 속에서 그림을 그린다는 생각은 더 이상 할 수 없습니다.
개인적으로는 트위터를 다루기 어렵습니다. 내가 생각하는 것 중 아홉은 재미가 없고 아마도 한 가지만 그림으로 그릴 것이기 때문입니다. 이전에는 바보 같은 짓을 생각만 했는데지금은 그것을 트윗합니다. 문제는 바로 거기에 있습니다.

로르 칼텐바흐
그림을 트위터에 올리는 것에 대해 평가해주실 수 있습니까?

바도
그럴 수 없습니다. 페이스북의 경우도 마찬가지입니다. 페이스북은 당신이 당신 집의 문을 매일 열어두는 것과 같습니다. 나는 내 집의 문을 열고 싶지 않고, 모든 사람이 내가 어떻게 사는지 보러오는 것이 싫습니다. 우리는 역설적으로 사생활을 침해하는 정보기관의 도청에 대해서는 불평합니다. 정보기관은 이제 사생활을 침해할 필요가 없어졌습니다. 모든 사람이 사생활을 언제나 모든 사람 앞에 먹잇감처럼 던져주니까요.
우리가 모든 것을 페이스북이나 트위터에 올려야 하는 것은 아닙니다. 우리는 그림에 더욱더 주의를 기울여야 합니다. 그림은 그 문맥에서 아주 빨리 벗어날 수 있기 때문입니다. 그러면 그것이 의미했던 것과 다르게 이해될 수 있습니다.

"왜 항상 중세풍으로 보이려고 해요?" "잠깐, 트위터를 하고 있잖아!" 들라크루아 모사

플랑튀(프랑스)

사우디아라비아,
"트윗, 트윗, 트윗, 트윗…"

바도(벨기에)

호라시오 카르도Horacio Cardo(아르헨티나)

댄지거Danziger(미국)
줄리언 어산지Julian Assange, 보석으로 석방, 진실

라스 레픈

말하기 쉽지 않지만, 우리는 우리의 그림을 누가 무엇을 위해 사용하는지 결코 알 수 없습니다.

주나르

만화가는 자신이 하는 것을 정확히 알고 있다는 것과 그림을 창작하기 전에 모든 중요한 정보를 수집했다는 것을 확인해야 합니다. 그림을 그린다면, 내 그림을 옹호하기 위해 내가 무엇을 말하고 있는지 정말로 알아야 합니다. 사람들은 반대일지도 모릅니다. 어쨌든 그런 어려움을 항상 극복할 수 있을 것입니다. 만약 내 그림이 충분히 뛰어나고 의미로 가득 차 있다면, 사람들의 인식은 내게 중요하지 않습니다. 그래서 나는 자기검열을 하지 않습니다.
나는 내가 그리고 싶은 것을 그리고, 정부나 다른 사람들이 내 그림에 대해 생각할 것을 걱정하지 않습니다. 나는 내 그림을 옹호할 수 있습니다. 만화가는 자신이 하는 것을 이해하는 것이 중요합니다.

로르 칼텐바흐

그런 말을 했다고 43년 형을 받은 사람이 있잖아요!

레이마

그림 영역에서 책임은 불편한 주제들, 우리 모두에게 문제가 되는 주제들과 관련이 있습니다. 성차별적이고 인종주의적인 유머가 존재하는 것은 사회도 마찬가지입니다. 유머는 사회와 사회에서 일어나는 것을 반영합니다. 그런 의미에서 유머는 주제들을 세분화하고 권위를 박탈하고 포함하면서 그것을 재구성하려고 애씁니다. 우리는 양심을 빼앗기고 탈취당했다는 인상을 종종 받기 때문입니다. 만화는 그와 같은 이해를 재현하고 있습니다. 그것은 상황을 보여주고 설명하는 어떤 것이며 그래프로 나타낸 철학입니다. 그것은 절대적인 현실은 아니지만 어쨌든 우리가 바라보는 어떤 부분, 즉 사회의 거울입니다.
표현의 자유는 속박당해서는 안 되며, 죽음을 궁극적인 길로 여기는 정신상태로 구속당해서는 안 됩니다. 이것은 오래된 논쟁이며 극도로 복잡한 주제입니다. 사회는 그런 주제를 재검토하고 의심하는 대신 무언가를 믿는 것을 선호합니다.

로르 칼텐바흐

당신이 인터넷의 역할에 대해 결론을 내려주셨으면 좋겠습니다.

바도

인터넷은 기회입니다. 인터넷은 수단입니다. 인터넷은 아랍 혁명을 가능하게 했습니다. 그렇지만 그것은 반감을 불러일으키기도 합니다. 따라서 문맥을 통해 나온 그림은 여러 방식으로 해석될 것이라는 사실을 인식해야만 합니다. 벨기에에서 나는 뤼즈LUZ[2]가 《샤를리 에브도》 1면에

피루제(이란)

2 뤼즈의 본명은 르날 뤼지에Renald Luzier(1972~)이다. 프랑스의 만화가이며 신문과 잡지, 특히 《샤를리 에브도》에 만화를 연재했다.

그린 '나는 샤를리다'라는 문구가 들어간 그림을 패러디했습니다. 그의 무함마드를 보았을 때 무함마드는 우리 수상인 샤를 미셸Charles Michel과 비슷했기 때문입니다. 그는 '나는 샤를리다'라는 문구와 함께 등장했기 때문에 일이 순조롭게 풀렸습니다. 그러니까 나는 벨기에의《샤를리 에브도》를 그린 것입니다. 나는 모자 모양의 것을 벗겨내고 그림을 그렸습니다. 그것을 보고 벨기에에서 모든 사람이 웃었습니다. 만약 그 그림이 그런 문맥에서 나와서 파키스탄이나 다른 나라의 대중에게 보였다면 나는 목숨이 위태로웠을 것입니다. 내가 무함마드를 모욕했다고 말할 수 있으니까요. 사실은 그렇지 않았습니다. 그 그림은 벨기에 수상에 관한 것이었어요. 그림을 이해하기 위해서는 현지의 정치를 이해해야 합니다. 우리는 완전히 새로운 자료를 가지고 작업을 해야만 합니다. 우리는 70억 명을 위해 그림을 그릴 수는 없습니다. 불평하는 사람은 늘 있습니다. 그렇지만 우리는 머릿속 한 구석에 다른 의견이 있다는 것을 간직해야 합니다.

로르 칼텐바흐

《샤를리 에브도》의 만화가들은 무함마드를 그렸기 때문에 암살당한 것이 당연하다는 말을 당신이 학교에서 듣는다면, 어떻게 반박하시겠습니까?

바도

나는 그들이 샤를리가 아닐 권리가 있고, 험한 꼴을 당하지 않은 채 그것을 말할 의무가 있다고 그들에게 말했습니다. 그것이 민주주의입니다. 나는 그들이 자신들을 이해시킬 권리와 자신들이 동의하지 않는다는 사실을 말할 권리가 있고, 그것이 가장 중요하다고 그들에게 말했습니다. 그들이 그 말을 이해하고 우리는 마음이 풀었습니다. 그들은 자신들이 샤를리가 아닐 권리가 없었다는 느낌을 가지고 있었습니다. 이제 그들은 그 권리가 있습니다. 반대로 그들의 견해는 절대적인 것으로 옹호할 수 없습니다.

> **우리는 주변의 제한된 테두리의 사람들만을 위해 그림을 그리고 있다고 생각할 수 없습니다.**
> 바도

우리는 모두《샤를리 에브도》라는 강박 이후에 여러 학교에 갔지만 교장이 안전상의 이유로 거부하여 내가 갈 수 없었던 곳이 있습니다. 나는 그들 중 한 사람에게 내가 14살 된 아이들을 보러 가는 것은 그들이 19살이 되었을 때 그들이 쏜 총을 머리에 맞고 싶지 않기 때문이라고 대답했습니다.

노리오(일본)

볼리간(멕시코)

볼리간(멕시코)

“CIA가 별안간 트위터에
들이닥쳤어.”

LA CIA DÉBARQUE
SUR TWITTER
Louison

루이종(프랑스)

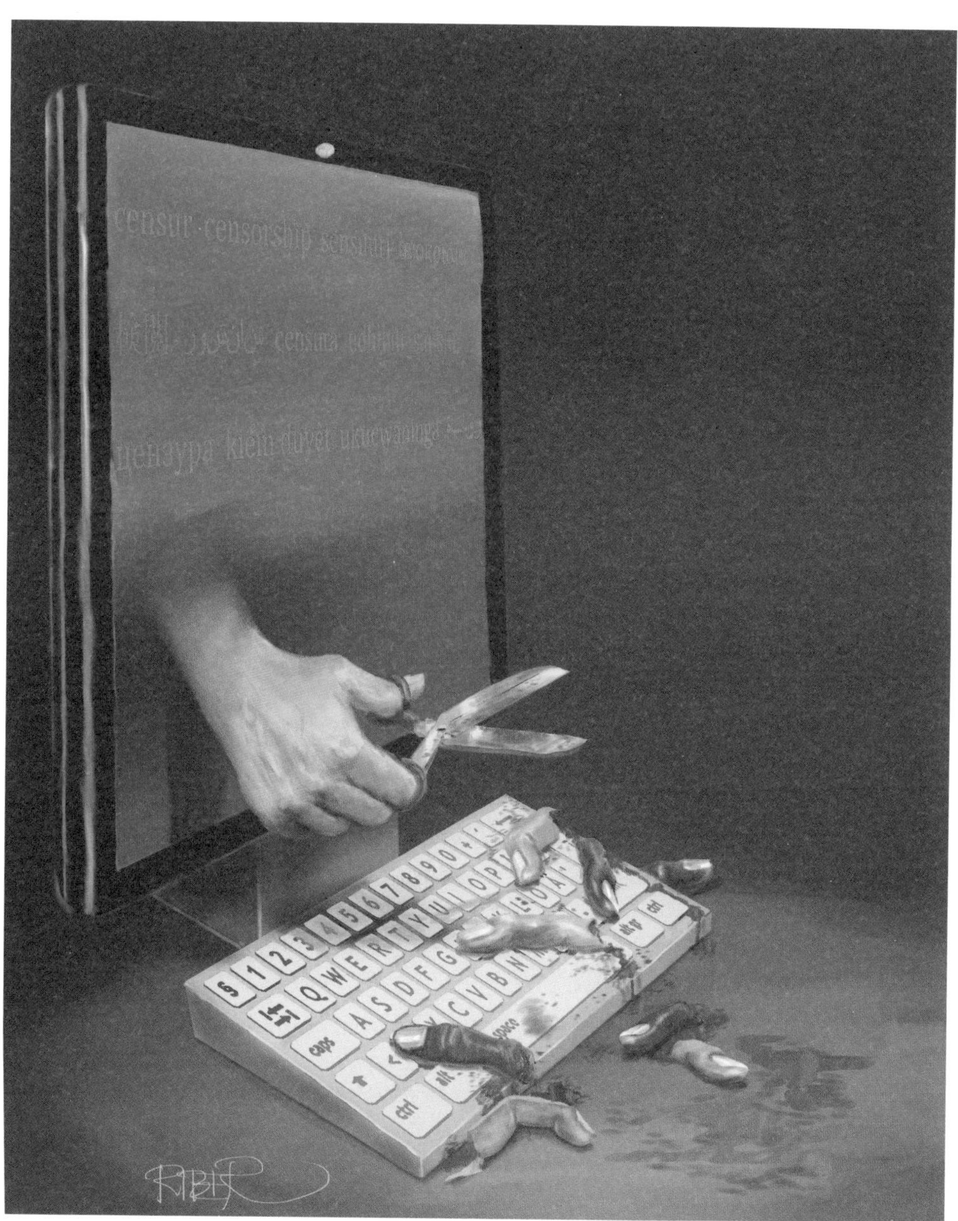

리베르Riber(스웨덴), 검열

이중 잣대?

성스러운 것이 항상 있는 것은 아니지만
이런저런 이름으로는 항상 있다.
신성모독은 야훼, 하느님 혹은 알라만을
겨냥하지 않는다.
우리에게는 건드릴 수 없는 대상이 없을까?
지켜야 할 터부는?
'이중 잣대'를 반대하는 의견에 뭐라고 대답할 것인가?

로르 칼텐바흐(아비뇽 포럼 위원장 및 창립회원)와 만화가들,
보닐Bonil(에콰도르), **엘치코트리스테Elchicotriste**(스페인),
칼릴Khalil(팔레스타인), **키치카Kichka**(이스라엘),
조오레Zohoré(코트디부아르)

로르 칼텐바흐

우리는 어떤 생각, 체계, 관심, 사람을 옹호하고, 또 다른 생각, 또 다른 체계, 또 다른 관심, 또 다른 사람을 비난합니다. 말하자면 이중 잣대가 있습니다. 항상 터부와 금기, 건드릴 수 없는 것, 성스러운 것이 있습니다. 어떤 터부는 내면화되어 있고 또 다른 터부는 권력에서 비롯됩니다. 우리는 한계선과 터부, 토템에 대해 말하고 그것을 가볍게 혹은 그렇지 않게 뛰어넘는 방법에 대해 말합니다.

키치카, 이스라엘에서의 뛰어넘을 수 없는 한계선, 터부는 무엇입니까? 여행을 많이 한 당신은 시사만평가들이 이스라엘과 팔레스타인 혹은 다른 나라에서 이스라엘의 터부에 대해 더욱 사정없이 묘사한다고 생각하십니까?

'검열',
'홀로코스트의 나치 독가스실을 부인하는 사람'

앤 텔네스Ann Telnaes(미국)

인티파다(이스라엘 점령지에서 이스라엘인에 대한 팔레스타인 사람들의 투석전을 말한다. -옮긴이)
"첫 번째 돌 하나만 쌓지!"
"첫 번째 돌 하나만!"
신규 작업, 동예루살렘 유대인 거리

키치카(이스라엘)가 본
마무드 아바스
Mahmoud Abbas와
베냐민 네타냐후
Benyamin Netanyahou

키치카

이스라엘은 언론의 자유가 있는 민주국가이지만 그 민주주의는 모든 사람에게 같지 않습니다. 군대가 통치하는 관할구역에서는 이스라엘 중심지역에서와 같은 자유를 누리지 못합니다…. 우리는 이스라엘 터부들의 모든 것을 글로 쓸 수 있지만 모든 것을 그릴 수는 없습니다. '경전의 민족people of the book'에게는 그림의 전통이 없습니다. 우리는 그 점에서 이슬람교도와 유사합니다. 우리에게는 도미에 같은 만화가가 없었고 풍자언론도 없습니다.

이스라엘의 큰 터부와 한계선은 홀로코스트를 조롱하는 만화입니다. 홀로코스트는 건드리기 매우 어려운 쓰라린 상처입니다. 왜냐고요? 홀로코스트 시대에, 아니 19세기 말부터 반유대주의 만화는 유대인들의 몰살을 수월하게 할 정도로 그들을 비인간화했기 때문입니다. 그들을 가능한 괴물 같은 모습으로 그렸는데, 특히 세상의 모든 황금을 긁어모으는 탐욕스러운 모습으로 표현했습니다.

그림을 통해 증오를 불러일으키는 것은 그것이 무엇이든 가장 쉬운 일입니다. 그런 일을 위해 대단한 전문가가 필요한 것은 아닙니다.
키치카

그런 주제를 다루는 일은 어렵습니다. 전통파 유대인들을 매부리코와 번쩍이는 수염을 가진 모습으로 그리는 것은 반유대주의 만화로 그들을 그린 것이었기 때문에 다소 '위험한 일'입니다. 내가 이스라엘에서 전통파 유대인을 그리면 전통파 신자들이 달갑잖게 생각할 것을 알고 있습니다. 한편으로 그들은 내가 그림을 그린 신문을 읽지 않습니다. 그러니까 나는 그들을 매일 화나게 하는 것은 아닙니다. 그들은 내가 선호하는 표적이 아닙니다. 그들이 법을 통과시키려고 애쓰며 정치 영역과 의회에 들어올 때만 그들을 그림으로 그립니다. 그들은 이스라엘에 최고 법원보다는 율법이 있기를 원할 겁니다. 그들은 그 뜻을 결코 이룰 수 없을 것입니다. 그것은 정치적 논쟁이고 그 일 만큼은 그들이 나를 반유대주의자로 부른다고 하더라도, 나는 그들을 그릴 권리가 있습니다. 정말 웃기는 일입니다. 나는 게임의 규칙을 지키는 것을 받아들이지만 그것은 대단히 민감한 주제입니다.

정말로 불쾌한 것은 이스라엘 군대가 나치 군대처럼 묘사된 반유대주의 만화를 보는 일입니다. 나는 내 그림에서 팔레스타인 영토의 점령에 맞서 싸우는 데 앞장서고 있습니다. 나는 1979년의 평화운동[1]의 시작 이래 평화를 위해 싸우고 있습니다. 이중 잣대일지 모르겠지만 어떤 이유로도 이스라엘 군대의 권력 남용과 나치의 그것을 비교할 수는 없습니다. 2차 세계대전의 고통을 겪은 사람이 유대인들만은 아니지만 홀로코스트는 영원히 역사의 기록으로 남을 특수성을 가지고 있습니다.

로르 칼텐바흐

이스라엘에서 홀로코스트를 희화화할 수 있습니까?

키치카

텔레비전 방송에서 종종 그럴 때도 있습니다. 모든 사람이 좋게 생각하지 않습니다. 그 방송은 동구 출신 유대인 2세대를 웃길 수 있지만 다른 사람들은 아닙니다. 나는 개인적으로 그 점에 아주 특별한 유머 감각이 있습니다. 반대로 샤론 총리의 지시로 가자지구에서 군대를 철수시켰

안토니오(포르투갈)가 본 베냐민 네타냐후

1 1979년 3월 26일 미국 워싱턴에서 이집트의 사다트 대통령과 이스라엘의 베긴 총리 사이에 조인된 이집트-이스라엘 평화조약을 말한다.

을 때, 그 지역의 본국인들은 대단히 격렬하게 반발했습니다. 이스라엘 군대가 본국계 주민을 철수시키려고 온 날, 본국인들은 가슴에 오렌지색 별을 새기고 집 앞에서 기다렸습니다. 내일이 오면 죽을 수밖에 없었던 이스라엘의 유대인들에게, (가자지구)유대인들이 행한 홀로코스트의 도구화에 반발하는 움직임이 있었습니다. 어떤 동포는 아우슈비츠처럼 '노동이 자유롭게 한다Arbeit macht frei'가 아닌 '뻔뻔스러움이 자유롭게 한다'는 문구가 적힌 플래카드에 오렌지색 별을 그려 넣은 가족을 그렸습니다. 본국인들은 자신들이 너무 나아갔다는 것을 깨달았습니다.
이스라엘 내부에서도 정치적 목적에서 홀로코스트의 부정적 도구화가 있을 수 있습니다. 이 현실은 우리가 대단히 예민하고, 지적인 상황을 잘 알고 있다는 사실을 말해줍니다. 우리는 모두 지적이지 않을 수 있지만 모두 예민한 사람입니다. 모든 만화가는 예민한 심성을 가지고 있습니다.

로르 칼텐바흐

팔레스타인 만화가이자 키치카의 친구인 칼릴, 당신은 소극적인 저항을 권장합니다. 정치적인 적극적 행동주의는 하마스와 팔레스타인 체제의 악감정을 살 수 있다는 말입니다. 꼼짝할 수 없는 압박 속에서 그림을 계속해서 그리려면 어떻게 해야 합니까?

칼릴

현재 예루살렘의 점령 지역에 있는 팔레스타인 신문에서 일하고 있습니다. 이스라엘의 직접적인 통제하에 있고 그것 때문에 고통을 겪고 있습니다. 저는 작업을 계속해야만 합니다. 그것은 사활이 걸린 문제입니다. 이스라엘의 검열은 정치 상황에 달려 있습니다.
우리가 대단히 긴장된 시기를 지나오고 있다는 것이 정말로 느껴질 정도입니다. 분쟁이 가장 적을 때, 구체적으로 폭탄이 터지지 않을 때는 우리가 그림을 출간할 수 있습니다. 저는 간접적으로 팔레스타인 당국이 실행하는 검열 때문에 고통을 겪고 있습니다. 간접적인 검열은 출간 이후

칼릴(팔레스타인)
'표현의 자유 제한'

조오레(코트디부아르)

에 위협으로 나타납니다. 출간해야 할 어떤 그림을 출간하지 못하도록 압력을 넣는 것입니다. 이런 상황에서 어떻게 작업을 계속할 수 있을까요? 현재는 하마스가 가자를 통제합니다. 제가 일하는 신문은 가자에는 배포되지 않기 때문에 압력은 상대적으로 견딜만합니다. 나는 하마스를 조롱하는 법을 터득했습니다. 대단히 교묘하게 그런 일을 해야 한다는 것도 알고 있습니다. 한계를 알아야 한다는 말입니다.

제가 그릴 수 없는 그림을 키치카가 그릴 수 있었던 것이 종종 부러웠습니다.
칼릴

로르 칼텐바흐

조오레, 코트디부아르에서 터부는 무엇이고 성스러운 곳은 어디입니까?

조오레

코트디부아르에서는 말할 수 없는 것이 거의 없습니다. 하지만 그것에 대해 말을 할 줄 알아야만 합니다. 이슬람에 대해 말할 수 있습니다. 기독교도에 대해서도 말할 수 있습니다. 하지만 성性에 대해 말하는 것은 터부입니다! 제가 이슬람에 대해 말한다면 무함마드가 아니라 이슬람교도들을 그릴 것입니다. 우리는 별 소동 없이 이슬람교도들에 관한 10편의 그림을 그렸습니다. 기독교도들에 관해서도 마찬가지입니다. 우리는 그들을 자주 비판했는데 머리에 총을 맞지 않았으니까요. 예수나 무함마드를 만화로 그리면 반발을 불러일으킬 것입니다. 약간의 무의식적인 자기검열이 일어납니다. 후환이 있을 수 있다는 것을 알았을 때는 그 주제를 다루지 않습니다. 반대로 성에 관해서는 언론평의회CNP가 신문을 폐간시키고 곧장 벌금형을 처할 수 있습니다.

로르 칼텐바호

그런 일이 당신에게 있었습니까?

조오레

네, 경고를 받은 적이 있었는데 신문을 폐간시키지는 않았습니다.

만화가는 무엇보다 선동가입니다.
조오레

로르 칼텐바호

당신은 자기검열을 하고 있군요….

조오레

그럴 수도 있습니다. 저는 발행인이자 신문 중재인이기도 합니다. 저는 만화가 중 한 사람이 그런저런 주제를 다루는 것을 금지한 기억이 없습니다. 결코 그렇게 하지 않습니다. 사람들이 나

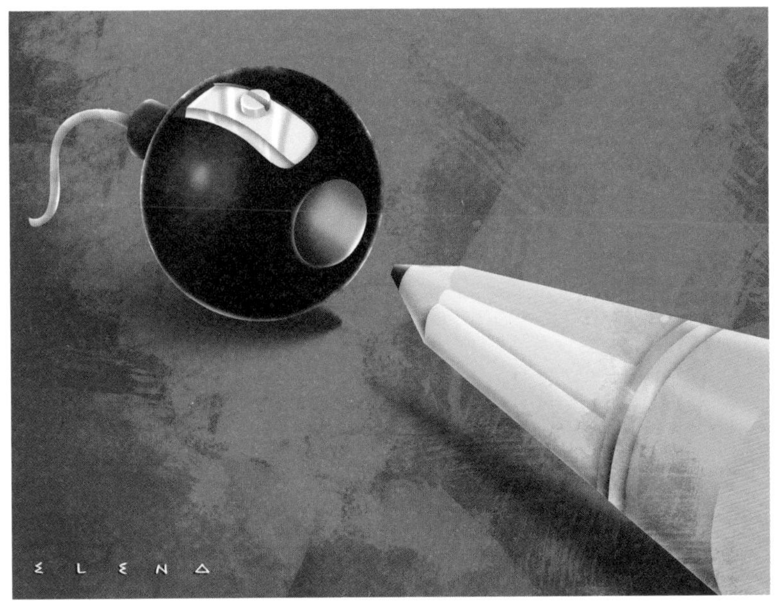

엘레나Elena(콜롬비아)

보닐(에콰도르), 검열

에게 그렇게 하는 것을 원하지 않기 때문입니다. 하지만 그들 나름대로 무의식적 자기검열이 있다고 생각합니다. 그것은 문화에서 비롯됩니다. 여러분은 기독교나 이슬람 문화 속에서 자랐습니다. 여러분은 그것을 잠재의식에 가지고 있습니다. 여러분은 특정 주제를 감히 다루지 못합니다.

로르 칼텐바흐

사회학자이자 시사만평가인 보닐, 당신은 에콰도르인입니다. 당신은 쉼 없이 부패를 고발했습니다. 수많은 소송에 휘말려 있습니다. 에콰도르의 터부는 무엇입니까?

보닐

한계선보다는 에콰도르의 그린라인에 대해 말하려 합니다. 여당의 색과 같은 녹색 말입니다. 그린라인은 대통령의 선으로 뛰어넘어서는 안 됩니다. 저는 제 그림 때문에 소송을 치르고 있는데 그중 한 건은 신문에 9만 5000달러의 벌금이 부과된 것입니다. 같은 신문이 대통령에게 소송을 당했습니다. 그는 사설 때문에 자신의 명예가 훼손되었다고 생각했습니다. 그 결과 8000만 달러의 벌금이 부과되었습니다.
에콰도르에서는 출판할 수 있는 것과 그렇지 못한 것을 결정하는 사람이 대통령입니다. 그것은 단지 만화가에 해당하는 것이 아니라 모든 기자도 마찬가지입니다. 언론 담당자는 언론을 매일 뽑아야 하는 잡초와 비교하고 대통령은 그것을 매일 뽑아냅니다. 성이나 종교에 관한 터부가 세

평화 목장
"암소들이 울기도 하고 되새김질도 하는데 젖이 안 나온단 말이야!!"

키치카(이스라엘)가 본 마무드 아바스와 베냐민 네타냐후, 존 케리John Kerry

계에 넓게 퍼져 있다면, 에콰도르의 터부는 정부의 정책입니다. 유머만이 그 제한에 맞서 이겨낼 수 있습니다.

나는 내가 말하는 것에 책임이 있습니다. 당신은 당신이 해석하는 것에 책임이 있습니다.

보닐

로르 칼텐바호

엘치코트리스테, 당신은 종종 말하지 않는 것이 터부를 견고하게 만든다고 했습니다. 그렇다면 모든 주제를 다루어야 합니까?

엘치코트리스테

모든 주제를 다룰 수 있을 뿐 아니라 그렇게 해야 합니다. 나는 유머와 풍자에 제한이 있어서는 안 된다고 생각합니다. 제한은 작가나 만화의 컷을 읽는 독자에게만 존재합니다. 유머는 절대적으로 제한이 없고 그것이 있어서는 결코 안 됩니다. 예를 들어 그것은 신의 한계에 질문을 제기하는 것입니다…. 단연코 그런 제한은 없습니다. 예술가는 자기 생각을 표현하고, 자신의 경험과 견해에 따라 필요하다고 생각하면 준엄하게 자기비판하는 것을 받아들입니다. 그것은 동시에 독자의 인식과 뒤섞여 있습니다. 옳은 것인가 옳지 않은 것인가, 신성모독적인 것인가 아닌가를 규정하는 규범이나 한계를 찾거나 찾으려고 애쓰는 것은 조금 이상한 질문입니다.

내 생각에 신성모독에 관한 논쟁은 단지 문화나 문화와 종교에 대한 존중과 관련이 있지 않습니다. 나는 그것이 복잡한 문제라고 생각합니다. 사람들이 광신을 말하는 것은 종교를 말하는 것이 아닙니다. 이미지는 격렬한 반발에 책임이 있는 것이 아니며, 민주 국가에서는 비정상적인 것이 아니며, 만화를 잘못 해석하는 독자의 민족적 혹은 종교적 출신에 의해 유발된 것입니다.

'이곳에 당신이 좋아하는 스테레오타입을 그려 넣으세요.'
'우리가 평안히 고정관념을 갖게 해주세요.'

엘치코트리스테(스페인)

"키치카가 유대인입니까?" "그렇다면 정말 놀라운데요."

크롤(벨기에)*

한편 우리는 만화라는 문화를 위선적이고 선동적인 정치 규범에 따라 설명하는 경향이 있습니다. 이런 편견에 맞서 싸우는 것은 매우 어렵습니다. 최근 미국에서는 아프리카계 미국 시민을 만화에 등장시킬 때 검은색 잉크를 사용할 수 없다고 합니다. 그것은 정치적으로 옳지 않으니까요. 회색으로 명암의 차이를 주어 사용해야 합니다. 마찬가지로 특별히 두드러진 코를 가진 사람을 그리면 반유대주의자로 비난받을 수 있습니다. 나는 이 같은 스테레오타입의 추구가 표현의 자유 옹호인지, 문화적인 상처는 결코 회복되지 않는다는 명백한 터부를 신성시하고 영속시키는 방법인지 생각합니다.

유머는 절대적으로 제한이 없고 그것이 있어서는 결코 안 될 것입니다.
엘치코트리스테

며칠 전에 나는 키치카, 또 다른 이스라엘 만화가와 만났습니다. 그들은 나의 최근 책에 나오는 시각언어에 다소 충격을 받았습니다. 우리는 논쟁을 벌였고 완전한 의견 일치를 보았습니다. 우리는 민감한 시각적 규범을 잘못 해석한 사례들을 언급하며 무척 웃었습니다. 키치카는 나를 커다란 코를 가진 사람으로 그렸습니다. 내 코가 진짜 크기 때문인데, 나는 그를 반유대주의로 고발할 수 있다고 말했습니다. 그는 자기가 유대인이지 나는 아니기 때문에 오히려 자기가 그렇게 할 수 있다고 응수했습니다! 내 생각에 잘 이해된 위반은 유머의 중요한 도구입니다.

로르 칼텐바흐
키치카, 칼릴, 당신들은 오랜 친구입니다. 당신들의 그림 중 어떤 것이 다른 사람에게 충격을 주었습니까? 그것을 어떻게 생각하십니까?

칼릴

나는 결코 충격을 받은 적이 없습니다. 다만 내가 그리는 것이 불가능했던 그림을 키치카가 그릴 수 있었다는 것이 부러웠습니다. 나는 그가 이스라엘 사회를 자유롭게 비판할 수 있다고 쉽게 생각하지 못했습니다. 나는 그의 작업과 대단히 넓고 매우 인간적인 그의 견해를 마음속 깊이 존경합니다. 그는 이스라엘의 애국자이지만 팔레스타인 사람들을 이해하고 있습니다. 그는 우리와의 가교 구실을 하고 있습니다.

키치카

칼릴과 나는 예루살렘에서 일 년에 한두 번 만납니다. 2014년 여름 가자에 대한 이스라엘의 군사행동 이후, 나는 그의 생각을 알기 위해 만났습니다. 나는 이 전쟁이 우리의 우정을 훼손하지 않았다는 사실을 확신하고 싶었습니다.

다음 만남은 2015년 1월 《샤를리 에브도》와 '이페르 카셰Hyper Cacher'[2] 테러가 발생한 주에 있었습니다. 나는 팔레스타인 언론에 실린 것과 아랍 언론에서 그가 읽었던 것을 그가 어떻게 느꼈는지 알고 싶었습니다. 우리는 우정이 더 견고해졌다는 것을 확인할 수 있을 정도로 완전히

제페토씨네
"할아버지는 반유대자야! 아니면 뭐야…?"

엘치코트리스테(스페인)*

2 프랑스와 이탈리아에 있는 슈퍼마켓 체인이다. 2015년 1월 9일 이곳에서 일어난 테러로 4명의 유대인이 사망했다.

의견이 일치했습니다. 우리가 현실 때문에 결코 주저앉지 않을 것이고, 항상 희망을 품을 것이며 이후에는 평화롭게 살 수 있을 것이라는 사실을 서로의 마음속에 새겼다고 생각합니다. 시사만평을 통해 증오를 불러일으키는 것은 그것이 무엇이든 가장 쉬운 일입니다. 그 일을 위해 대단한 전문가가 필요한 것은 아닙니다.

로르 칼텐바흐

레오 슈트라우스Leo Strauss[3]는 "모든 것이 별 차이가 없다면 식인 풍습도 음식 취향의 문제다"라고 말했습니다. 상대주의에 빠지지 않고 누구에게도 상처를 주지 않는 그림을 그리는 것이 가능합니까?

조오레

만화가는 무엇보다 선동가입니다. 누구에게도 상처 주지 않는 그림을 그릴 수 있습니다. 바로 우리가 우리에게 중요치 않은 어떤 그림을 출간한 적이 있습니다. 그 그림은 어떤 과격한 사람들에게 강렬한 반발을 불러일으켰습니다.

보닐

어떤 그림에 "나는 내가 말하는 것에 책임이 있습니다. 당신은 당신이 해석하는 것에 책임이 있습니다"라고 썼던 기억이 있습니다.

건설용 부지 / 해체용 부지

지오(프랑스)

3 레오 슈트라우스(1899~1973)는 독일 태생의 미국 정치 철학자로 서구 민주주의의 우월성과 반세계화주의를 주장했다. 주요 저서로는 《토머스 홉스의 정치철학The Political Philosophy of Thomas Hobbes》(1936)이 있다.

이스라엘-팔레스타인
언젠가 평화를 믿을 수 있을까?
"가장 튼튼한 그네는 별에 매어놓은 그네이다."(아랍 속담)

플랑튀(프랑스)

이상적인 프랑스에서 훌륭한 직업
“만화가 자리를 알아보러 왔습니까?” “네”
“모든 사람의 코를 크게 그리는 이 직업에 대해 아세요.”
“유대인들은 예외입니다!”

믹스 앤 리믹스(스위스)

크리스티나Cristina(포르투갈)

하니 압바스Hani Abbas(시리아-팔레스타인)

볼리간(멕시코)

새로운 골리앗
이스라엘군

댄지거(미국)

믹스 앤 리믹스(스위스)

가자의 이스라엘군
"쏘시오!" "나도 쏘고 싶단 말이오!"

이스라엘이 요르단강 서안 지구에서 식민지화를 가속하고 있다.

ISRAËL ACCÉLÈRE LA COLONISATION EN CISJORDANIE.
TIGNOUS

티그누(프랑스)

아비 카츠가 본 요르단강 서안 지구와
이스라엘 사이의 분리 장벽

키치카가 본 요르단강 서안 지구와 이스라엘 사이의 분리 장벽
'평화'

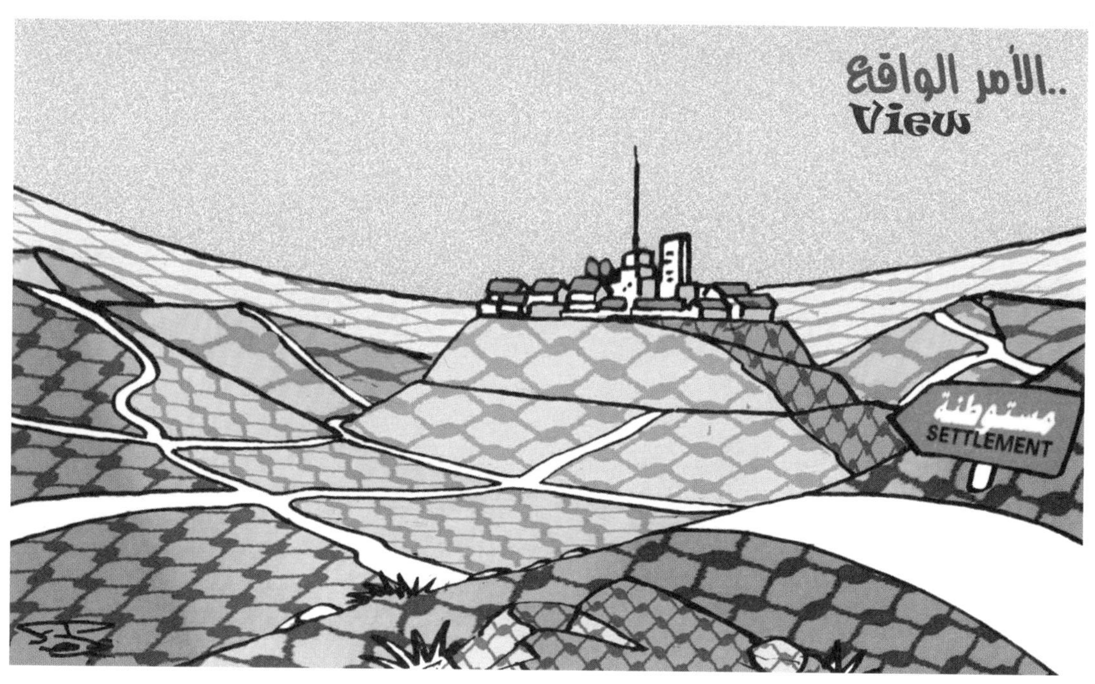

부카리Boukhari(팔레스타인)가 본 점령 지역
'경관', '정착지'

이슬람 공포증
“이대로 간다면 그들은 우리를 유대인들처럼 취급할 걸세.”

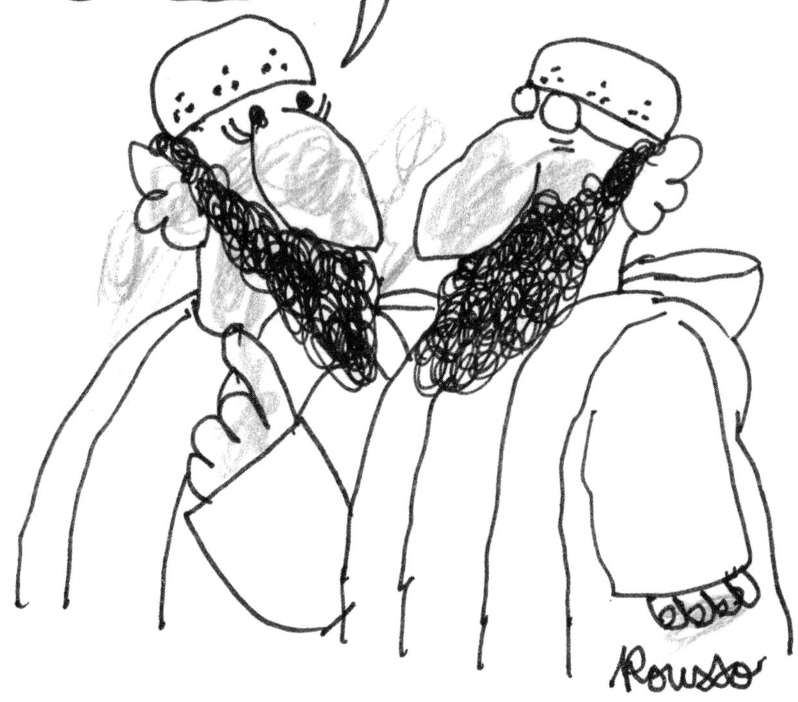

루소Rousso(프랑스)*

학살 사건, 다음 날
"오늘은 한통속으로 보이니까 돌아다니지 않을 거야."

시뮐뤼스(프랑스)

팔레스타인 국가가 이 그림 속에 숨어 있습니다. 찾아낼 수 있겠습니까?

플랑튀(프랑스)

"사는 것은 폭풍우가 지나가기를 기다리는 것이 아니다. 사는 것은 빗속에서도 춤을 추는 것을 아는 것이다."(세네카)

플랑튀(프랑스)

세속주의, 내일을 위한 생각

프랑스는 이 주제에 관해 독점권을 요구하지 않는다. 프랑스의 고유한 역사는 나름의 방식으로, 전 세계적으로 점점 현대적인 관심사가 되는 보편적 가치의 규정적 이념을 구체화할 수 있도록 해주었다.

로르 칼텐바흐(아비뇽 포럼 위원장 및 창립회원)와 만화가들,
샤파트(스위스), **글레즈**(부르키나파소), **크롤**(벨기에),
슬림(알제리), **튀니지에서 온 윌리스**(튀니지)

로르 칼텐바흐

부르키나파소에 사는 다미앵 글레즈Damien Glez는 쿠데타 때문에 참석하지 못했습니다. 아들인 얀을 통해 메시지를 전했습니다.

글레즈(그의 아들 얀이 읽은 메시지)

"정치적, 이민족 간, 종교 간 폭력 문화가 전혀 없는 이 나라에서, 오트볼타[1]의 독립 이후 여섯 번째 일어난 군사 쿠데타입니다. 이 훌륭한 나라에는 또 다른 걱정거리가 많습니다. 오트볼타는 유엔이 세계 최빈국으로 간주한 다섯 국가 중 한 나라입니다. 난폭한 군인들이 우리가 펜으로

"남에게 과시하는 종교적 표시 말인데…
정확히 그게 뭐야? 나는 작은 십자가를 걸고
다니는데 모든 사람이 그걸 쳐다봐."

코테(캐나다)

1 정식 명칭은 부르키나파소 민주공화국이다. 오트볼타는 1984년 이전의 명칭이다.

표현하는 것을 막지 못한 것에 우리는 기뻐하고 있습니다. 해석하는 데 익숙하지 않을 그들은 당장 언론사를 공격하지 않고 라디오 방송국을 불태웠습니다. 그림의 해석이 다양한 수준에서 이루어질 수 있다는 사실을 판단하지 못했을 그들은 만화가들을 내버려 두었습니다. 만화는 아프리카 국가에서 다른 나라와 마찬가지로 독재 체제에 침투하는 트로이 목마입니다. 그것으로 우리가 영웅이 되는 것은 아니지만 '카투닝 포 피스'가 자부하며 강조하는 소규모 보병이 될 수 있습니다. 나는 부르키나파소의 정치, 군사 상황이 표현의 자유를 존속하게 해줄 것으로 기대하지 않습니다. 나는 부르키나파소의 정치 체제가 마침내 21세기를 맞을 수 있도록 해줄 것이 바로 표현의 자유라고 확언하고 싶습니다."

로르 칼텐바흐

샤파트, 당신은 미국에서 경험을 쌓은 뒤 얼마 전 스위스에 돌아왔습니다. 미국에서는 세속주의를 어떻게 규정합니까?

샤파트

우선 제기되는 문제는 정의의 문제라고 할 수 있습니다. 세속주의와 관련해서 사람들은 사회적 도덕과 정신 상태, 법칙, 규칙에 대해 말하고 있는 것일까요? 흔히 이 주제를 두고 내릴 수 있는 최상의 정의는 은연중에 내리는 정의입니다.

우리는 세속주의를 직설적으로 말해야 합니다. 우리는 통합에 대해, 특히 이슬람교도들의 통합에 대해 큰 논쟁을 벌이고 있습니다. 학교, 히잡, 체육과 수영 수업 관련하여 지난 몇 년 동안 문

글래즈(부르키나파소)

피루제(이란)

유머는 일정한 구역에서 일정한 공중에 작용합니다.
샤파트

제가 제기되었습니다. 교사들에게 그것은 하나의 과정이고 직무입니다.

2004년 프랑스는 학교에서 히잡 착용을 금지했습니다. 스위스 연방헌법은 학교 내 종교의 자유와 종교의 중립을 보장하고 있습니다. 그럼에도 연방헌법은 '전지전능한 신의 이름으로'라고 시작합니다. 사실 연방의 관행은 학생에게는 히잡을 허용하지만 교사에게는 허용하지 않습니다. 미묘한 차별입니다. 학생에게 그것은 사적 영역에 속하고 교사에게는 공적 영역에 속하니까요…. 중립국인 스위스는 그런 방식으로 세속주의를 적용합니다.

자크 시라크Jacques Chirac가 히잡을 금지한 뒤 니콜라 사르코지Nicolas Sarkozy는 부르카를 금지했습니다. 조서를 작성해야 하는 경찰로서는 어려운 일입니다…. 금지와 터부의 시대에 최고의 도발은 공공시설에서 부르카를 입고 담배를 피우는 것입니다…. '지하드[2]는 새로운 펑크 음악입니다.' 지하디즘, 그것은 반항입니다.

2015년 1월의 사건이 일어났을 때 나는 로스앤젤레스에 있었습니다. 나는 그 모든 일을 시차에 따른 피로를 느끼며 경험했습니다. 금지된 선을 넘었다는 것을 깨닫고 악몽에서 깨어났습니다. 사람들이 우리에게 늘 제기했던 질문은 그 일이 우리에게 어떤 변화를 일으켰는지에 관한 것입

2 지하드는 '성전'이라는 뜻이 있으며 이슬람을 지키고 확장할 공동체의 의무를 말한다. 지하드에서 비롯된 지하디즘은 서구에서 이슬람 원리주의를 토대로 한 무장 투쟁을 의미한다.

법률적, 정치적 틀로서의 세속주의
"변장한 이 자가 우리에게 뭐라고 설교해야 하지!?"

세실 베르트랑Cécile Bertrand(벨기에)

니다. 솔직히 말해서 나는 우리가 대답을 알고 있는지 확신하지 못합니다. 내가 그림에서 보여주려고 애썼던 것은 두려움이 아니라, 머리 위에 그림자를 드리운 채 살아가는 시사만평가의 직업이 어떻게 될 것인지에 관한 것이었습니다.
유럽의 한구석에서 그린 그림을 카불의 거리든 카라치의 거리든 어느 곳에서 누구나 볼 수 있습니다. 그것이 크나큰 오해의 원인입니다. 분명히 하겠습니다. 우리는 전 지구적으로 공통된 의미의 유머가 있다는 것에 동의하지 않습니다. 그것은 불가능한 일입니다. 우리는 이제 배타성을 지닌 채 열린 세상에서 살고 있다는 것을 깨달아야 합니다.
미국 이야기를 하자면 나는 로스앤젤레스의 사우스 캘리포니아 대학에 있었습니다. 여러분은 '샤를리 에브도 사건'에 대한 감수성과 이해의 차이 때문에 놀랄 것입니다. 나는 설명하기 위해 엄청난 노력을 했습니다. '암시적인' 표현은 존재하지 않습니다. 그것은 영어로는 번역할 수 없습니다. 나는 캘리포니아에 사는 아시아 대학생들의 반응까지 여러분에게 말하지 않겠습니다. 대체로 중국 대학생들의 메시지는 우리가 인권과 표현의 자유를 가지고 그들을 힘들게 했고, 우리가 그 성과를 얻어갔다는 것이었습니다. 그러니까 어디서나 같은 방식으로 이해되지 않는 것이 바로 토론입니다. 나는 우리가 잘못된 방향으로 가고 있다고 생각합니다.

로르 칼텐바흐

크롤, 벨기에에서는 세속주의가 어떤 방식으로 받아들여집니까?

크롤

세속주의는 벨기에에서 프랑스에서와 완전히 같은 의미를 지니고 있지 않습니다. 벨기에는 이웃 나라지만 프랑스인들에게는 대단히 이국적인 나라입니다. 프랑스는 세속적이라고 일컬어지는 나라입니다. 나는 프랑스에서 세속주의가 무엇을 의미하는지 어느 정도 이해하고 있다고 생각합니다. 저마다 자신이 원하는 종교를 믿고 신앙을 실천할 수 있습니다. 벨기에는 중립국으로 규정됩니다. 그것이 차이입니다.

벨기에에서 세속주의는 종교에 맞선 사회 참여입니다. 각 시청에는 가톨릭교회에 반대하는 비종교적인 활동 센터가 있습니다. '교회에 반감을 품는 사람'이라는 이름의 센터입니다. 교도소에 부속 사제들이 있는 것과 마찬가지로, 믿지 않는 사람들에게 사기를 북돋아주려는 비종교적인 공무원도 있습니다. 프랑스처럼 가톨릭교도와 일반인 대상의 두 개의 교육 네트워크가 있지만 둘 다 국가의 재정 지원을 받습니다. 가톨릭 교육에서 학생들은 주당 두 시간의 종교 수업을 받습니다. 공교육 수업에서는 히브리, 이슬람, 가톨릭교 혹은 비종교적인 도덕이 대상이 될 수 있습니다. 최근 학부모들은 일정한 주장의 교화가 문젯거리가 되고, 종교적인 도덕조차 중립적이지 않다고 생각해서 그들의 딸이 이 수업을 듣는 것을 거부했습니다. 하지만 이 수업은 의무이므로 신청해야만 합니다. 내각은 벨기에의 유머 작가들과 기자들이 '쓸데없는 수업'이라고 부르는 것을 편성했습니다. 공식적으로 그것은 분화된 교육 지원이라고 불립니다….

신성모독의 권리를 의무로 만들어서는 안 됩니다.
크롤

"신의 이름으로 서로 죽이는 일을 멈추시오."
"너희는 그 말을 더 자주 함께 할 수 있을 텐데.."

크롤(벨기에)

'표현의 자…'

발루에Ballouhey(프랑스)

지오Jiho(프랑스)

지오(프랑스)

농담이 아니라 이런 실제 이야기는 세속주의가 일종의 종교가 되는 것을 피해야 함을 시사합니다. 세속주의 그 자체가 종교가 되었을지 모르는 세속 국가를 어떻게 해야 할까요? 그 대단한 '쓸데없는 수업'은 많은 것을 배울 기회인지 모릅니다. 나는 종교사 수업, 적어도 철학 수업이 개설되도록 아주 오래전부터 소송을 제기했는데, 벨기에에서 나 혼자만 그런 것은 아닙니다. 하지만 가톨릭교도들도 비종교적인 시민들도 프로그램을 바꾸고 싶어 하지 않습니다. 어떤 사람들은 그 모든 것의 밖에 있기를 선호하는 사람들에게 종교를 가르쳐야만 하고, 또 다른 사람들은 자신의 종교가 아닌 종교를 배워야만 합니다.

로르 칼텐바흐

슬림, 당신은 알제리인이고, 종교가 보편 국교가 되기 전, 사적 영역에 있었던 시기에 살았습니다. 반대로 가는 길도 가능할까요?

슬림

알제리는 132년간의 프랑스 식민지를 벗어나 독립국가를 세웠습니다. 1900년대의 미국과 다소 비슷했습니다. 모든 것을 해야 했고 그것을 믿었습니다. 사람들은 더 많은 노력을 해도 나아지는 것이 없다는 것을 깨달았습니다. 쓸모없는 일을 했던 것입니다. 어느 날 아침 수염을 기른 사람들이 보이기 시작했습니다. 서로를 바라보며 당신의 이웃이 수염을 길렀고 식료품상 주인도 수염을 길렀다고 말할 정도로 말입니다…. 그 후의 일은 잘 아실 것입니다. 그들이 실질적으로 권력을 잡았습니다. 그들의 숫자는 매우 많습니다. 나는 누가 그런 일을 만들어냈는지 생각했습니다. 모든 사람이 신자였기 때문에 신이 그 일을 만들어내는 것은 아닙니다. 알제리 사람들은 철저히 이슬람교도가 되고 있습니다. 이라크처럼 두 개의 분파는 없습니다. 군대가 선거 과정을 중단시키기로 하자 폭력이 일어났습니다. 폭풍우가 치는 바다의 흔들리는 배처럼 정말 살기 어려웠습니다. 곧장 떠나야만 했습니다.

나는 이런 현상이 알제리에서 일어난 이유를 자문했습니다. 9월 11일에 전 세계는 빈 라덴Ben Laden을 알았습니다. 우리는 10년 전에 그를 알았습니다. 그는 수염을 기른 사람들을 도와주러 알제리에 왔고, 돈 많은 관광객 같았습니다. 언론은 그를 언급하지 않았습니다. 나는 당시 어떤 이슬람 지도자의 말에 충격을 받았습니다. 그는 알제리에는 관심이 없지만 세계에는 관심이 있다고 했습니다. 그것이 정말이었을까요?

로르 칼텐바흐

나디아 키아리Nadia Khiari, 당신은 화가이자 만화가이고 조형 예술 교사입니다. 당신이 그린 만화의 등장인물인 고양이, 튀니지에서 온 윌리스는 2011년 튀니지 혁명 당시 태어났습니다. 당신은 튀니지에서 온 윌리스가 희망이 조금이라도 남아 있는지 묻는 그림을 유독 많이 그렸습니다. 오늘날 그런 희망을 품을 만한 흔적이 있습니까?

튀니지에서 온 윌리스

튀니지에서 내게 그런 희망을 주는 사람은 젊은이들입니다. 우리의 차이는 부에 있다는 것을 우리가 인정한 것에 희망이 있습니다. 나는 그것이 상투적인 말이고 진부한 생각임을 알고 있습니다. 하지만 우리는 불행히 그런 생각을 아직 하지 못하고 있습니다.

세속주의에 대해 말하면 전혀 이루어진 것이 없습니다. 세속주의는 무신론과 동의어입니다. 이슬람당은 비종교적인 운동을 완전히 혼란스럽게 하려고 그 논거를 사용했습니다. 나는 모든 사람은 자신이 하고 싶은 것을 자유롭게 하고, 자신이 원하는 종교를 자유롭게 믿는다는 원칙에서 출발했습니다. 나를 혼란스럽게 만드는 것은 사회에 나타난 종교가 아니라 종교와 뒤섞여 있는 정치입니다. 정치가 종교를 도구화시킬 때 그것이 훨씬 더 위험한 일입니다. 우리가 종교를 비즈니스나 정치적 수단으로 사용할 때 사람들을 분열시키고 아무것도 이룰 수 없습니다.

우리는 불행하게도 대단한 것을 이루지 못했습니다. 과거의 법이 오늘날까지도 튀니지에 남아 있습니다. 그 법은 자유를 침해하고 동일한 방식으로 적용되고 있습니다.

"희망이 조금 있을까요?" "2011년 봄에는 피었는데 곧 시들어 버렸어요."
보잘것없음, 실업, 압제, 검열, 포퓰리즘, 빈곤, 반계몽주의, 바겐세일, 전부 팔릴 거예요
(그림 설명 :고양이 눈부터 시계방향으로)

튀니지에서 온 윌리스(튀니지)

나는 무엇보다 종교를 이용하는 정치인들의 체제를 철저히 분석하고 해부하기 위해 그림을 그립니다. 여기서 타리크 라마단Tariq Ramadan,[3] 디유도네, 상황을 보는 방식을 악화시키는 또 다른 선동가들과 같은 대단히 신뢰받는 사람들에 관해 이야기하고 있습니다. 그들은 음모론자들의 이론을 옹호하고 단순한 방식으로 이야기하기 때문에 관심을 받고 있습니다. 그들은 아주 복잡한 문제를 해결할 수 있는 아주 간단한 방책을 찾아냅니다. 사람들은 그들이 '정치적 올바름Political Correctness'[4]을 실천하지 않기 때문에 그들의 말을 듣습니다. 정치적 올바름을 그만둘 필요가 있고 우리 역시 관심을 얻으려면, 상황을 명확하게 말해야합니다. 우리가 지나치게 복잡하거나 지나치게 예의 바른 태도를 보인다면, 사람들은 우리의 말을 듣지 않을 것입니다.

정치가 종교를 도구화시키는 것이 훨씬 더 위험한 일입니다.
튀니지에서 온 윌리스

로르 칼텐바흐

샤파트, 당신은 그림을 그리면서 당신이 웃게 하는 사람들, 분노하게 하려는 사람들에 대해 생각합니까?

샤파트

유머는 일정한 독자들에게 일정한 지역에서 작용합니다. 《인터내셔널 뉴욕 타임스International New York Times》에 그림을 그릴 때, 일종의 국제화된 엘리트 독자를 대상으로 삼습니다. 그들은 유럽, 아시아, 중앙아메리카에서도 비슷합니다. 나는 모든 웃음 코드를 자유롭게 구사하지 못합니다. 예를 들어 유감스럽고 어리석게도 신의 팔과 손을 이용하는 것이 필요해서 시바 신을 활용하여 부시의 팔과 교배시켰습니다. 인도 독자들은 신을 이용한 것에 강력히 항의했습니다.

"솔직히 말해서, 디유도네는…." "그다지 웃기지 않아…."
"하물며 더 웃기지 않을 것 같아…." "네가 유대인이라면 말이야!…."

믹스 앤 리믹스(스위스)

3 라마단(1962~)은 제네바 태생의 이슬람 학자이며 옥스퍼드 대학의 교수이다. 반유대주의자이자 이슬람주의자로 평가받는다.
4 '정치적 올바름'은 용어나 표현에서 정치적인 차별과 편견이 없는 것을 의미한다. 예를 들어 아메리카 인디언이라는 표현 대신 퍼스트 네이션스First Nations를 사용할 수 있을 것이다.

'부시바'
'이란 핵을 멈추시오'
'이란 핵 협상'

샤파트(스위스)

나는 시사만평가들이 극단적인 분쟁의 중심에 있으므로 그들이 만들어낼 도구화를 매우 염려합니다. 표현의 자유와 세속주의의 깃발 뒤에는 반이슬람주의 의제를 휘두르는 수많은 불건전한 사람이 숨어 있습니다. 우리는 인간의 어리석음과 난폭성에 맞섰을 뿐이지 전투병이 되고 싶지 않습니다. 자유롭고 독립적이고 전문적인 시사만평가들을 위해 그 어느 때보다 싸워야만 합니다.

크롤

나는 벨기에의 《르 몽드》에 해당하는 전혀 풍자적이지 않은 《르 스와르Le Soir》에 그림을 그립니다. 신문도 내 독자들도 내가 매번 감행할 위험과 대담하게 하려는 것, 비꼬는 것에 따라 내 그림의 질을 평가하지 않습니다. 신성모독의 권리를 의무로 만들어서는 안 됩니다. 함께 사는 것은 다른 사람이 생각하는 것과 표현하는 방식을 언제나 철저하게 평가하지 않아야 한다는 조건에서 이루어질 수 있습니다.

샤파트

세속주의에 관한 담론과 표현의 자유에 관한 담론은 서로 뒤섞여 있습니다. 그 모든 것이 잘못되었다는 것을 느끼지 않을 수 없습니다. 개념이 있고 개념의 인식이 있습니다. 그것은 같은 정부를 가진 우리가 하나로 어우르기 어려운 것입니다. 우리는 이중 잣대를 가지고 있고, 우리가 전하고자 하는 메시지의 신뢰성은 그것에 달려 있습니다. 특히 그 신뢰성만큼이나 중요한 가치가 문젯거리가 된다면 말입니다.

《샤를리 에브도》는 68년 5월의 정신[5]과 무정부주의적이고 자유주의적인 정신, 절대적인 순수함과 자유의 계승자입니다. 그렇지만 방리유[6]에서는 체제 순응자들과 엘리트들의 일부인 것으로 인식됩니다. 세속주의, 우리는 그 말 뒤에 많은 의미를 부여할 수 있습니다. 하지만 프랑스어권 세계는 표현의 자유를 정의하는 데 있어 오늘날 단일한 의견을 가지고 있습니다. 미국에서는 그것을 청교도주의와 종교성의 만남으로 서술하는데, 표현의 자유와 사회적 실제 사이에 이상한 대립이 있습니다. 헌법의 첫 번째 수정안은 여러분이 나치 깃발을 흔들면서도 어디든 갈 수 있는 절대적인 표현의 자유를 보장합니다. 반면에 사회적 실제와 정치적 올바름은 대단히 순화된 말을 요구합니다. 어떻게 보면 프랑스와는 다릅니다. 입법의 관점에서는 모든 것이 가능하지만 사회적 관점에서는 그리 간단치 않습니다.

나는 표현의 자유가 지리적, 문화적 영역 밖에서 잘 유지된다고 생각하지 않습니다. 더 심각한 것은, 인권과 민주주의가 어디서나 잘 유지된다는 것을 확신하지 못하는 것입니다. 우리는 세속주의에 대해 여러 번 설명할 필요가 없습니다. 스위스의 세속주의는 프랑스나 벨기에의 세속주의와 같지 않습니다. 그것은 보편적인 가치가 아닙니다.

크롤

나는 '보편적 가치'라는 표현을 그다지 좋아하지 않습니다. 세속주의는 단지 도구이자 조직이지 가치가 아닙니다. 그것은 법으로 공포할 수 있는 어떤 것이고, 그런 이유에서 그것이 어디서든지 공포되기를 원합니다. 나는 모든 나라에서 프랑스식의, 그러니까 사생활에서는 모든 종교 활동을 하면서 국가와 학교에서는 중립을 지키는 세속주의가 존재하기를 원합니다. 세속주의는 무엇보다 함께 사는 것을 준비하는 방식입니다.

대릴 케이글(미국)
여성의 가슴을 표현하는 것이 터부인 미국에서의 정치적 올바름

5 1968년 5월 프랑스에서 학생들이 중심이 되어 일으킨 사회변혁 운동을 말한다.

6 파리 외곽 지역으로 이주노동자들과 사회적으로 소외된 사람들이 사는 거주 공간이다.

도널리Donnelly(미국) '자유'

A. 크라우제A. Krauze(영국)

아비 카츠Avi Katz(이스라엘), 샤를리 에브도를 위하여

세 명의 여자 만화가들이 편집 회의에 몰려들었다
"이제 우리 차례야!"

부르슈터Wurster(독일)

"나는 저렇게 하고 싶지 않아."

카트린 보네Catherine Beaunez(프랑스)

이슬람 패션은 어디까지 갈 것인가?
"뭐라고요? 공화주의의 가치에 어긋나는 것이 있다고요?"

미카이아Mykaïa(프랑스)

“이제 난 이슬람주의와…”
“반이슬람 급진주의가 모두 두려워.”
전쟁이다!

샤파트(스위스)

"우리를 웃겨 봐."

빌렘(프랑스)

"재미있는 생각이 있어요."
"이슬람은 안 돼."
"지켜보겠어."
"교회는 안 돼."
"조심해!"
"유대인은 안 돼."
"여자는 안 돼."
"장애인은 안 돼."

크롤(벨기에)

볼리간(멕시코)

성숙한 카나리아를 위한 송가

레지스 드브레 Régis Debray

잡지 《메디옴Médium》 대표

19세기 납 활자 시대에 식자공이 배의 키를 잡고 있었다면 시사만평가는 배의 선미에 있었습니다. 예술가나 다를 바 없는 이들은, 기자들이 펜으로 차려낸 메인 요리 옆 빈자리에 끼어드는 정도였기 때문입니다. 디지털 인류가 'WWW' 시대에 그 역할을 계승하고 있는 지금, 삽화가는 다시 중심인물이 되었습니다. 삽화가가 세상에 충격을 주고 있는 것입니다. 루이 필리프는 도시에서 일어난 프랑스 내부의 사건을 두고 도미에를 불경죄로 수용시설에 보냈습니다. 알카에다의 망령은 프랑스와 다른 나라 사이에서 일어난 사건을 두고 볼린스키[1]를 신성모독을 이유로 죽음에 이르게 했습니다. 풍자만화는 지급해야 할 대가와 차원을 바꾸어놓았습니다.

유력 일간지는 뛰어난 문인과 그림을 그리는 작가를 항상 필요로 합니다. 그림으로 쓴 사설이 글로 쓴 사설보다 더 많은 사람에게 영향을 주고 더 넓은 영향력을 가지고 있기 때문입니다. 활자 시대에서 영상 시대로의 변화는 전류의 도체를 바꾸어놓았습니다. 읽는 것은 피로를 유발하고 시간이 소요되지만, 힐끗 보는 것은 순간적으로 전기가 흐르는 것처럼 그 시간을 단축합니다. 사진은 기록하고 기사는 헐뜯고 그림은 상처를 입힐 수 있습니다. 의연한 성 세바스찬St. Sébastien[2]과 같았던 지역 정치인들은 얼굴이 두꺼워졌지만 종교의 외피는 민감해져 전 세계 절반에서 종교가 정치를 장악했습니다. 그것에 어려움이 있습니다. 비방문을 쓴 사람은 주변의 목표물을 향해 화살을 쏘아대고, 만화가는 스커드 미사일을 그것이 어디에 떨어질지 모른 채 사방으로 쏘아 보냅니다. 그는 위험한 인물입니다. 가장 위험에 처해 있는 사람입니다. 내가 아는 어떤 프랑스 작가도 경찰의 보호를 받고 있지 않습니다. 가장 저명한 풍자 작가들이 그중 한 사람입니다. 우리가 듣는 그칠 줄

---

1 조르주 볼린스키Georges Wolinski(1934~2015년 1월 7일)는 '샤를리 에브도 테러' 때 총격을 받고 사망한 프랑스의 만화가이다.

2 프랑스 태생의 로마 군인으로 그리스도교도라는 이유로 순교했다.

몰리나Molina(니카라과)

모르는 이야기는 공허하지만 멋진 데생은 죽음에 이르러서도 파리 한복판에 의미를 가득 채우기 때문입니다.

대개 오해 때문이지만 세상사가 그렇듯이 무엇이든 곡해가 있기 마련입니다. 기호와 숫자, 선을 통한 표현의 세계는 기술적으로 국경이 없지만 그렇다고 집단지성이 합쳐지지는 않습니다. 이곳에서의 짓궂은 행동이 저곳에서는 모욕이 됩니다. 비기독교화된 서구인들을 웃게 만드는 것이 비이슬람화되지 않은 (혹은 아직까지는) 동방 세계의 사람들을 흥분시킬 수 있습니다. 표준 시간대가 같은 것은 아닙니다. 세속화된 세계에서 신은 사적인 영역에 있습니다. 지중해의 남쪽과 동쪽에서는 무함마드가 10명 중 9명에게 집의 기둥으로 남아 있습니다. 아이들의 농담거리가 아닌 가부장제 사회의 가장처럼 말입니다. 그것은 정신적인 격차를 메우는 불변의 이미지가 언어의 장벽을 완전히 없애버렸기 때문이 아닙니다. 메시지가 어느 곳에나 전달된다고 해서 모든 사람이 그것을 받아들이는 것은 아니며, 여행을 많아 다니지 않으면서 유럽이 곧 세계라고 생각하는 자유 사상가들이 환상을 품는 이유는 그 둘을 구분하지 못하기 때문입니다. 디지털의 발전과 함께 시각적인 것은 전 세계적인 것이 되었지만 전 세계적인 유머는 없으며 언어, 풍속, 문화를 공유하는 거대 민족도 없습니다.

이미지는 관찰자가 자신의 역사와 문화에 따라 부여하거나 부여할 수 없는 의미입니다. 우리 민족도 마찬가지이지만 저마다의 민족은 각각의 기억을 가지고 있거나 기억 상실에 빠질 수 있습니다. 《샤바리Charivari》, 《라시에트 오 뵈르L'Assiette au Beurre》[3]의 구독자들은 포랭Forain이나 카랑 다쉬Caran d'Ache[4]와 같은 기억을 갖고 있었습니다. 이제는 그렇지가 않습니다. 프랑스 본국은 세상을 향해 열려 있는 문입니다.

치유할 수 없는 세계인으로서 내가 여기서 언급하는 근심스러운 불안정함은 새로운 조처들이 주위에서 어리석은 짓을 저지르는 직업적인 위반자들에게 제기하는 수많은 딜레마와 문제 중 하나입니다. "전 세계의 만화가들이여, 단결하시오. 그리고 토론합시다!"

'카투닝 포 피스'의 크나큰 공로는 저마다가 사실과 법의 문제를 정확히 판단하는 것을 돕기 위해, 참여의 외침을 들은 모든 사람을 집결시킨 것입니다. 온갖 불관용에서 살아남은 사람들은, 자기 자신의 터부에 대해서는 조심하면서 다른 사람들의 터부와는 정면으로 부딪치며 만족해하는 것과 말을 걸고자 하는 독자들에게 접근하기 위해 금지와 방어를 교묘하게 피해 가는 것이 별개라는 사실을 아는 데 유리한 상황에 있기 때문입니다. 이슬람 지역에서 지뢰 제거 작업을 하는 용감한 사람들이 무함마드의 초상화를 그리지 않으면서도 사나운 표정의 수염을 기른 사람들을 그릴 줄 아는 것처럼 말입니다. 오래전부터 강압적인 제도로서 검열은 예술가들에게 정신적인 활동을 자극하는 계략과 우회적인 수단을 강요하고 있습니다. 자기검열 역시, 프랑스 혁명이 우리에게 선물한 신성모독이라는 대단히 독특한 권리를 제한적으로 이루어지는 신성모독의 의무로 바꾸려 했던 전제주의자들의 마음에 들지는 않았습니다. 문명인들의 숨은 야만성을 위축시키기 위해서는 어떻게 하면 복종과 도발이라는 두 개의 암초 사이를 빠져나갈까요.

플랑튀와 그의 친구들이 제기한 성찰은 그 어느 때보다 위험에 처해 있는 직업의 좁은 범위를 넘어 우리 모두와 관련이 있습니다. 왜일까요? 민주주의에서 만화가는 진지를 지키는 보초이고 정확히 말하면 탄광 속의 카나리아이기 때문입니다. 광부들은 가스의 발생을 미리 알기 위해 작은 새장 안에 매력적인 새를 넣어서 갱도 깊은 곳으로 내려가는 관습이 있었습니다. 새가 노래를 멈추면 공기 중에 일산화탄소가 발생한 것이고, 죽음의 위험에 처한 것입니다. 갱도에서 재빨리 빠져나와야만 합니다.

---

3 각각 1832년, 1901년에 출간된 풍자 잡지이다.

4 장 루이 포랭Jean-Louis Forain(1852~1931)과 카랑 다쉬(1858~1909)는 프랑스의 풍자 만화가이자 삽화가이다.

사람들은 이 새를 '탄광 속의 카나리아'라고 불렀습니다. 구덩이 깊숙한 곳에 있는 우리는 만화가라는 성숙한 카나리아를 갖고 있습니다. 그에게 연필이나 펜이 없을 때 사상의 자유는 세계 어딘가에서 질식당하고 있는 것입니다. 그것은 분명 종말을 고하는 종소리입니다. 봉기를 일으켜야 합니다. 울지 않는 카나리아가 누구를 위해 멀리서 울고 있습니까? 우리를 위해서입니다.

일선에서 이 특별한 회담을 주최한 분들과 관계자 여러분께, 그 사실을 우리에게 상기시켜주신 것에 감사드리고 후방에 은신한 병사들인 만화가에게 감사의 인사를 전합니다.

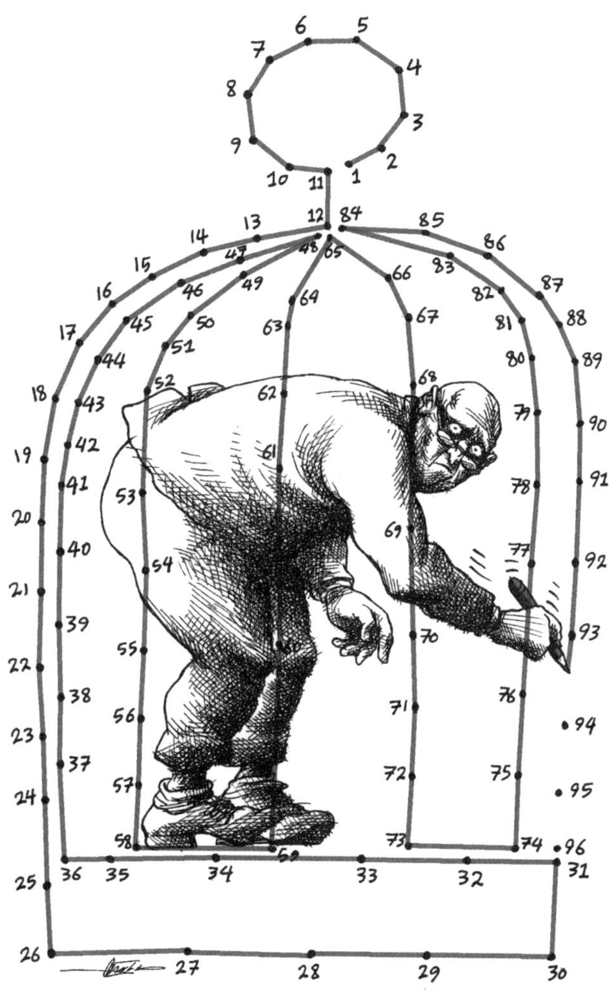

마나 네예스타니Mana Neyestani(이란)

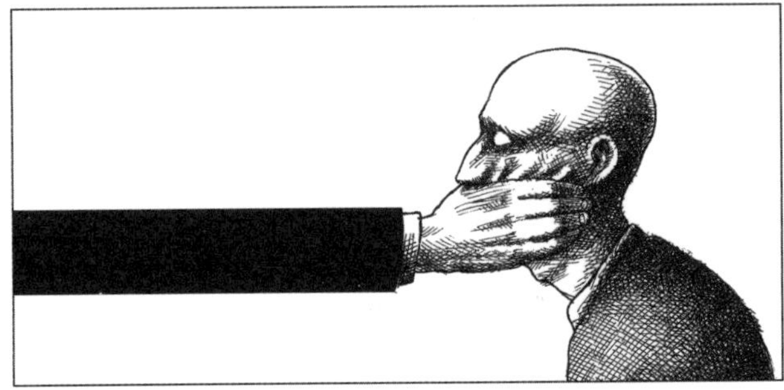

마나 네예스타니(이란)

"우리는 표현의 자유를 위해, 불경과 무례함의 권리를 위해 싸우고 어디서든 계속해서 싸울 것이다."

알렘 데지르

유럽 문제 담당 장관

"유럽을 만화로 그리는 것은 유럽을 건설하는 것이다.
유럽이 공동의 공간으로 나타나는 것은
바로 만화가들의 자유에 의해서이기도 하다."

알렘 데지르
유럽 문제 담당 장관

카를Karl(벨기에)

“만화가들과 기자들을 보호하는 것은
우리의 자유의 원칙과 그것을 계속해서 실행할 가능성,
설명할 수 있는 자유를 동시에 지키기 위한 의무다.”

알렘 데지르
유럽 문제 담당 장관

에마드 하자즈Emad Hajjaj(요르단),
‘세계 언론 자유의 날’

‘그릴 수 없는 것, 그리면 문제가 생기는 것’
무함마드, 민병대, 종교, 모욕, 성, 경찰, 포르노, 군대, 노조, 강간, 국기
“네 여동생은? 네 여동생은 그릴 수 있어?”

CE QUE L'ON NE PEUT PAS
DESSINER SINON ON A DES
PROBLÈMES.

튀니지에서 온 윌리스(튀니지)

“무함마드의 풍자화 사건과 그 결과는 빙산의 일각이 드러난 것입니다. 말하자면 오늘날 우리가 젊은이들에게 서로 다른 의견과 맞서는 것을 가르치는 방식입니다. 그것은 그림과 관련이 있지만 아주 다른 주제에도 가치가 있습니다. 우리는 동의할 수 없지만 폭력을 통하지 않고서도 의견이 다르다는 것을 표현할 수 있다는 사실을 젊은이들에게 알려주어야 합니다.”

나자트 발로 벨카셈
프랑스 교육부 장관

“시사만평은 말 없는 메시지이자 명백한 힘을 지닌 복합적인 메시지입니다. 시사만평을 해석하기 위해서는 실습이 필요합니다. 그 작업은 개별적으로 학교에서 이루어져야 합니다.”

나자트 발로 벨카셈

프랑스 교육부 장관

2015년 1월 7일 이후
“엄마, 나도 만화가가 될 거야….”
“그럼 나도 죽는 거야?

세실 베르트랑Cécile Bertrand(벨기에)

받아쓰기 시간
"빅토르 위고는 원문 그대로 말하지 않았어!"
"저런! 그래서 엄청난 벌금을 물게 됐나요?

쇼뉘Chaunu(프랑스)

**"학교는 가치와 예의범절을 함께 배우는 장소여야 합니다.
모든 사람이 서로 동의하는 유토피아를 꿈꾸는 장소가 아닙니다.
규칙을 받아들이고, 특히 여러분이 소수자라면,
그 규칙이 여러분을 보호하기 위해 만들어졌다는 사실을 이해하는
능력을 기르는 곳입니다."**

나자트 발로 벨카셈
프랑스 교육부 장관

전 세계의 시사만평

2015년 9월 21일 파리, 경제 사회 환경 이사회가 '전 세계의 시사만평'을 주제로 심포지엄을 열었다. 플랑튀와 레지스 드브레의 제안으로 조직되고 장 레이마리와 로르 칼텐바흐가 이끌어낸 시민적 성찰은 표현의 자유와 관련된 중대한 문제를 다루었고 만화가들에게 발언의 기회를 주었다.

참석자들

☞ **HÉLÉ BÉJI**

헬레 베지는 1948년 튀니지에서 태어난 작가이다. 그녀는 튀니지 대학에서 가르친 뒤 유네스코에서 일했다. 1988년에 문학 협회이자 자유로운 교류의 공간인 튀니지 국제 콜레주를 창립했다. 그곳에 저명한 지식인들을 초청하여 동시대의 문화 정치에 관한 생각을 표현할 기회를 제공했다. 그녀는 수많은 에세이를 통해 독립 이후 튀니지 사회와 탈식민지에 관한 비판적 측면을 다루었다.

☞ **JEAN-FRANÇOIS COLOSIMO**

장 프랑수아 콜로시모는 철학자이자 에세이스트, 기독교와 정교회 전문가이다. 생 세르주 정교회 교리 연구소에서 가르쳤고, 종교학 유럽 연구소와 파리-소르본 대학의 학술 위원회 회원이다. 세속주의에 관한 마슈롱 위원회와 같은 다양한 국가 프로젝트에 참여했다.

☞ **RÉGIS DEBRAY**

레지스 드브레는 작가이자 철학자이다. 종교학 유럽 연구소의 명예 소장이기도 하다. 잡지 《메디옴》의 대표이다.

☞ **JEAN-PAUL DELEVOYE**

장 폴 들르부와이에는 파드칼레 지역의 전 국회의원이며 시장과 상원의원을 역임했다. 2002년에서 2004년까지 공직, 국가 개혁, 국토 개발 장관을 역임했고, 국립행정학교ENA 개혁과 퇴직 공무원 개혁을 맡았다. 2004년에서 2011년까지 프랑스 행정 조정관을 2010년에서 2015년까지 경제, 사회, 환경 이사회 의장을 역임했다.

☞ **HARLEM DÉSIR**

알렘 데지르는 학생 운동에 가담했고 1984년에 'SOS 인종주의' 국내 단체와 국제 협회를 만들었다. 2012년 10원 사회당의 제1비서가 되었고, 2014년 4월 유럽 문제 담당 장관으로 입각했다.

☞ **DELPHINE HORVILLEUR**

델핀 오르빌뢰르는 프랑스 자유 유대인 운동의 랍비이다. 2008년 뉴욕에서 랍비가 되었고 프랑스에 있는 세 명의 여성 랍비 중 한 사람이다.

☞ **JEAN-NOËL JEANNENEY**

장-노엘 잔느네는 고등사범학교ENS 출신으로 정치학 연구소에서 학위를 받고 역사 교수 자격과 문학박사 학위를 취득했다. 파리 정치학 연구소에서 교수를 역임했다. 프랑스 대혁명 200주년 기념행사를 맡아 라디오 프랑스와 국제 라디오 프랑스 조직을 주재했다. 대외무역과 홍보 정무차관을 맡았고, 2002년에서 2007년까지 프랑스 국립도서관을 운영했다. 특히 블루아 역사의 만남 학술회의 의장을 맡고 있다.

☞ **LAURE KALTENBACH**

로르 칼텐바흐는 문화, 경제, 혁신 관련 국제 연구소인 아비뇽 포럼의 위원장 및 창립회원이다. 1994년 미디어와 텔레커뮤니케이션 분야에서 재정 전문가로 활동을 시작했다. 해외 문화 확산과 증진 기구 이사회 회원과 '카투닝 포 피스' 협회 회원이기도 하다.

☞ **GEORGES KIEJMAN**

조르주 키에즈만은 1953년부터 변호사로 활동했다. 2007년 무함마드를 그린 덴마크 만화를 출간했다는 이유로 이슬람 협회의 공격을 받은《샤를리 에브도》를 변호하여 법원으로부터 무죄 판결을 받았다. 프랑수아 미테랑의 7년 임기 후반기 사법, 공보, 사법 장관을 역임했다.

☞ **JACK LANG**

자크 랑은 낭시 법과대학의 공법 교수와 학장을 역임했다. 교육부와 문화부 장관을 지냈다. 2013년 프랑수아 올랑드 대통령의 지명을 받아 아랍 세계 연구소 소장을 맡았다.

☞ **PASCAL ORY**

파스칼 오리는 저명한 문화사 전문가이다. 현재 소르본(파리 1대학) 대학교수다. 파리 정치대학과 국립시청각연구소INA에서 강의했다. 근대사회의 문화사와 정치사 관련 30편의 책을 썼고 만화 비평가이기도 하다. 신문사와 특히 '프랑스 컬처' 방송국과 지속적인 협력관계를 유지하고 있다.

☞ **CHRISTIANE TAUBIRA**

크리스티안 토비라는 카옌에서 태어나 1993년에 프랑스령 기아나의 국회의원에 당선되었고 1994년에서 1999년까지 유럽의회 의원을 지냈다. 2012년 5월 16일에 법무부 장관에 임명되어 2016년 1월 27일에 사임했다.

☞ **NAJAT VALLAUD-BELKACEM**

나자트 발로 벨카셈은 사회당의 국가 위원회 일원이며 사회 문제 담당 보좌관을 맡았다. 2012년 프랑수아 올랑드 대통령 선거 대변인을 역임했다. 여성 인권부 장관과 정부 대변인을 역임했고, 2014년 8월 교육부 장관에 임명되었다.

☞ **JEAN-LOUIS VILLE**

장 루이 빌은 현재 유럽 위원회에서 지역 관할권, 민주주의, 민족, 인권 문제 담당 부서장을 맡고 있다. 전 세계의 프로젝트 재정을 승인하는, 민주주의와 인권을 위한 유럽 기구IEDDH의 실행을 감시했다.

만화가들

☞ BONIL

보닐(Xavier Bonilla, 에콰도르)은 1964년에 태어났고 1985년 이래 전국의 여러 신문에서 그림을 그렸다. 그는 풍자화를 통해 에콰도르 정부의 부패와 무능을 고발하여 라파엘 코레아 대통령을 격노하게 했고 여러 차례 법정에 섰다.

☞ CHAPPATTE

파트릭 샤파트Patrick Chappatte(스위스)는 1967년 파키스탄의 카라치에서 태어났다. 여성 만화가이자 리포터이다. 제네바 일간지 《르 탕》 1면과 《인터내셔널 뉴욕 타임스》, 《노이에 취르허 차이퉁》에 만평을 실었고 'Yahoo! France'에 참여했다. 코트디부아르 반역자들의 거주지와 가자 지역, 엘리제궁의 뒤편을 무대로 만화 형식의 보도를 했다.

☞ ELCHICOTRISTE

엘치코트리스테(Miguel Villalba Sanchez, 스페인)은 임상 심리학자이며 유머 작가, 삽화가, 그래픽 디자이너, 벽면화가, 풍자 만화가, 만화가이다. 2015년 유네스코 세계 언론 자유상과 카르타헤나 다타 페스티벌 콜롬비아 상을 비롯한 여러 상을 수상했다. '국경 없는 만화가회ONG'와 타라고나 만화 주간의 연례행사를 창립했다.

☞ GLEZ

글래즈(부르키나파소)는 1967년 프랑스에서 태어났다. 그는 25년 전부터 부르키나파소에 살고 있다. 작사가이자 텔레비전 시나리오 작가이며 와가두구 대학교에서 가르치고 있다. 만화 《신곡》의 작가이고 풍자 주간지 《르 주르날 뒤 죄디Le Journal du Jeudi》의 대표 발행인이다. 2014년에는 차드에 가서 다르푸르 난민촌에 관한 그림으로 그려진 탐방 기사를 방송국 아르테에서 연출했다.

☞ KHALIL

칼릴(Khalil Abu-Arafeh, 팔레스타인)은 1957년 예루살렘에서 태어났다. 그는 소극적인 저항을 주창했다. 1994년 이래 동예루살렘에 기반을 둔 일간지 《알 쿠드Al-Quds》에 그림을 게재했다. 뛰어난 능력을 인정받아 1996년에 갓산 카나파니 상을 받았다. 정치적인 적극적 행동주의 때문에 팔레스타인의 하마스, 이스라엘 체제와 동시에 대립했다. 1986년과 1992년 사이, 14개월 동안 이스라엘에서 복역했다.

☞ KICHKA

키치카(Michel Kichka, 이스라엘)는 1954년 벨기에 태생으로 이스라엘 만화계에서 가장 저명한 대표자 중 한 사람이다. 1982년 이래 예루살렘 미술학교에서 가르쳤다. 이스라엘 만화가 협회의 전 협회장, 이스라엘 만화, 풍자화 박물관의 학술 고문을 역임했으며, 2008년 이스라엘의 '도쉬 만화가Dosh Cartoonist' 상을 받았다. 2011년 프랑스 문화부 장관에게 예술, 문학 훈장을 받았다.

☞ KROLL

크롤(Pierre Kroll, 벨기에)은 1958년 콩고에서 태어났다. 1985년 이래 독립 만화가가 되었다. 수많은 정기 간행물과 출판물을 통해 그림을 그렸다. 현재 벨기에의 일간지 《르 수아르》와 주간지 《시네 텔레 르뷔》의 전속 만화가이다. 1986년 프랑스에서 '짓궂은 유머' 상을, 2006년, 2009년, 2012년에 벨기에 만화 언론 대상을 받았다.

☞ PLANTU

플랑튀(프랑스)는 베트남 전쟁에 관한 그림을 1972년 10월에 《르 몽드》에 기고하면서 활동을 시작하여 1985년부터 1면에 매일 만화를 그렸다. 1991년 야세르 아라파트와 시몬 페레스가 같은 그림에 서명하게 하여 희귀한 '문헌상'을 수상했다. 같은 해부터 《렉스프레스L'Express》에 주 1회 만화를 그리고 있다. 2006년 플랑튀와 국제연합 사무총장 코피 아난은 뉴욕에서 '카투닝 포 피스'의 시작이 된 심포지엄을 열었다.

☞ **RAYMA**

레이마(Rayma Suprani, 베네수엘라)는 카라카스에서 태어났다. 19년 동안 《엘 유니버설El Universal》 신문의 전속 만화가였지만 2014년 9월에 고국의 건강 체계를 비판한 그림을 그렸다는 이유로 해고당했다. 현재 미국 마이애미에 살고 있다.

☞ **LARS REFN**

라스(Lars Refn, 덴마크)는 정치 풍자와 다작 만화의 신봉자이며 1980년 이래 시사만평 경력을 쌓았다. 풍자만화 사이트의 편집장이며 풍자 잡지 《스포트라이트》의 편집에 참여했다. 2013년 이래 덴마크 시사만평가 협회인 'Danske Bladtegnere'의 회장이다.

Riss vu par Kichka

☞ **RISS**

리스(Laurent Sourisseau, 프랑스)는 1966년에 태어났다. 1991년 《라 그로스 베르타》에 첫 만화를 기고했고 1992년 《샤를리 에브도》의 재출간에 참여했다. 리스는 수많은 소송을 취재하여 1998년 《샤를리 에브도에 의한 대소송들 : '파퐁 소송'》을 출간했다. 2015년 1월 7일 《샤를리 에브도》에 대한 총격 때 부상당했다. 테러 이후 샤르브의 후임으로 신문 출판국장이 되었다.

☞ **SLIM**

슬림(Menouar Merabtène, 알제리)은 1945년 알제리 서부인 시드 알리 베뉴브에서 태어났다. 현대의 모험가들인 '부지드와 지나'라는 등장인물을 알제리와 프랑스에서 발행되는 만화에 그렸고, 특히 알제리의 불어권 일간지인 《르 수아르 달제리Le Soir d'Algérie》를 비롯한 수많은 일간지와 국제적인 잡지에 참여했다.

☞ **VADOT**

바도(Nicolas Vadot, 벨기에)는 영국의 카샬튼에서 1971년에 태어났으며 프랑스, 영국, 오스트레일리아 등 3개의 국적을 가지고 있다. 1993년부터 주간지 《르 비프/렉스프레스》에, 2008년부터 경제지인 《에코》에 참여했다. 2011년과 2012년에 '벨기에 언론 만화' 2등 상을, 2011년에 '유럽 언론 만화' 3등 상을 받았다. 바도는 '카투닝 포 피스' 부회장이다.

☞ **WILLIS FROM TUNIS**

튀니지에서 온 윌리스(튀지니)라는 캐릭터가 태어난 것은 2011년 1월 13일이다. 처음에는 작가인 나디아 키아리가 자스민 혁명에 관한 자신의 생각을 페이스북에서 공유하기 위한 방식일 뿐이었는데 곧 하나의 현상이 되었다. 그녀는 조형 예술을 가르쳤고 화가이자 만화가이며 튀니지 혁명에 관한 여러 시평집의 저자이다. 《시네 망쉬엘》, 《국제 우편》, 《젤룸》을 통해 그림을 출간했다.

☞ **ZOHORÉ**

조오레(Lassane Zohoré, 코트디부아르)는 아비장에서 태어났다. 1985년 코트디부아르의 일간지 《프라테르니테 마탱》의 유머 지면인 '오늘의 미소'의 만화가가 되었다. 1999년 일간지 《G비치Gbich!》에 합류하여 출판 국장이 되었다. 《국제 우편》과 《젊은 아프리카》에 참여했다. '잉크 얼룩' 협회와 '코코 불스Coco Bulles' 페스티벌의 대표이다.

☞ **ZUNAR**

주나르(Zulkiflee Anwar Haque, 말레이시아)는 1962년에 태어났다. 그는 자신의 만화와 '어떻게 중립을 지킬까? 내 연필조차 자기 입장이 있는데'라는 슬로건을 통해 말레이시아 정부의 부패와 권력 남용을 고발하여 수많은 사법적 문제에 직면했다. 2011년 '국제 만화가 인권 네트워크'가 수여한 '용기의 상'과 2011년과 2015년 '국제 인권 감시단'의 '헬만/해멧' 상을 통해 작업 성과를 인정받았다.

'전 세계의 시사만평' 심포지엄
2015년 9월 21일

01 플랑튀, 크리스티안 토비안, 장 폴 들르부와이에, 장 루이 빌 **02** 장-노엘 잔느네, 파스칼 오리 **03** 리스, 플랑튀 **04** 레지스 드브레 **05** 알렘 데지르, 플랑튀 **06** 장 레이마리, 델핀 오르빌뢰르, 헬레 베지, 장 프랑수아 콜로시모

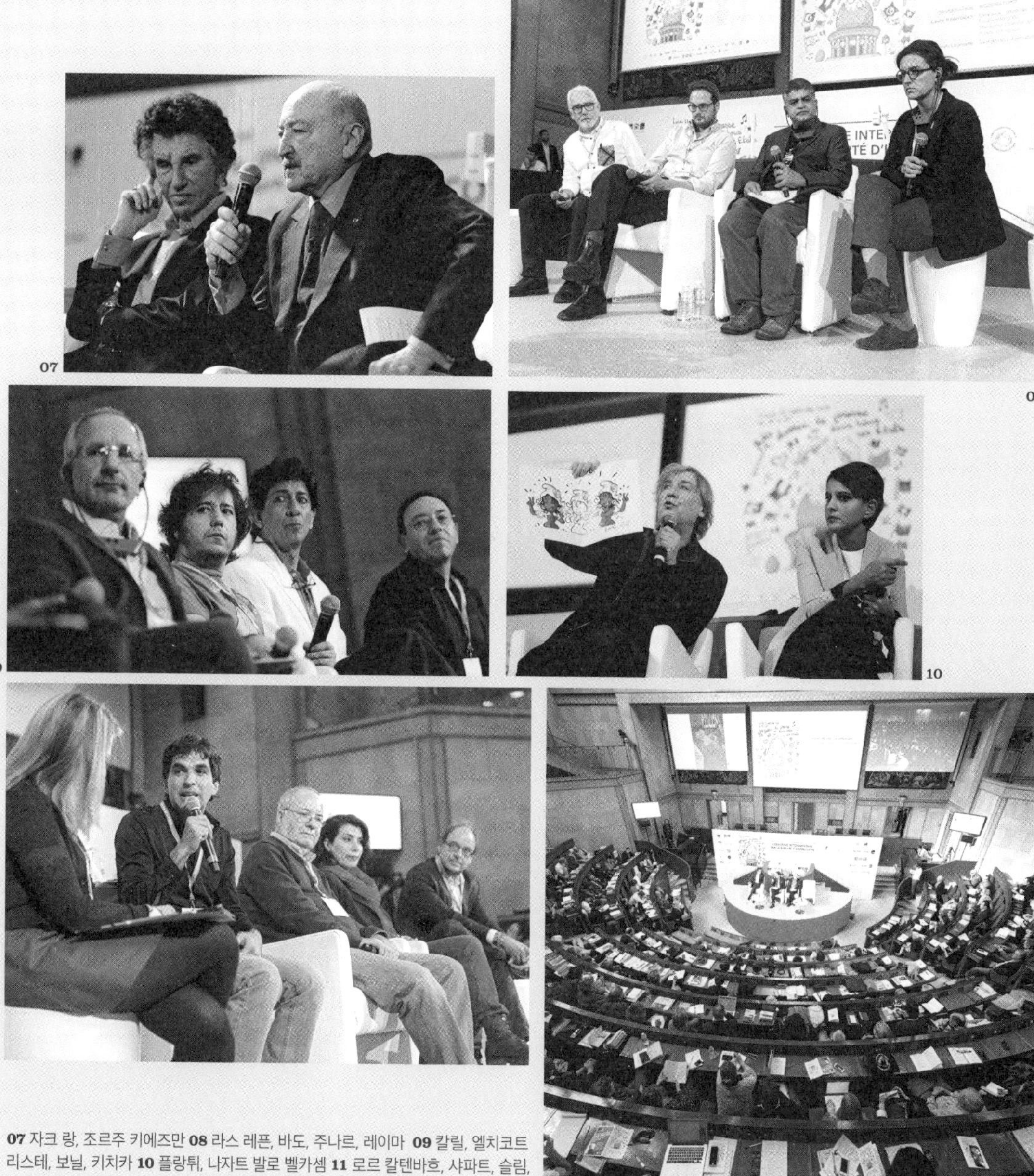

07 자크 랑, 조르주 키에즈만 **08** 라스 레픈, 바도, 주나르, 레이마 **09** 칼릴, 엘치코트리스테, 보닐, 키치카 **10** 플랑튀, 나자트 발로 벨카셈 **11** 로르 칼텐바흐, 샤파트, 슬림, 튀니지에서 온 윌리스, 크롤 **12** 반원형 객석에 약 600명이 참석했다.

루소(프랑스)

10주년을 맞이한 '카투닝 포 피스'!

'카투닝 포 피스'의 활동

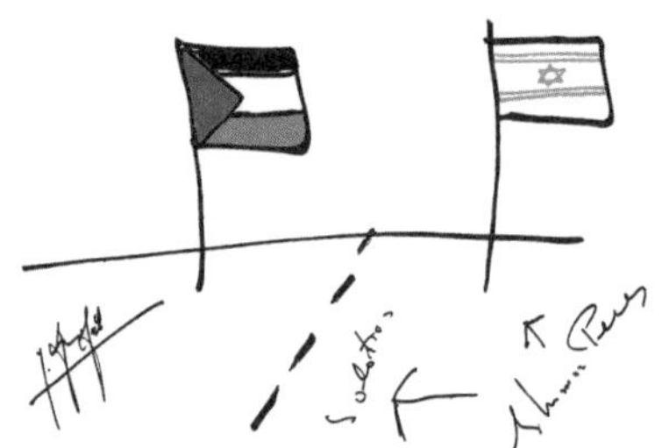

01

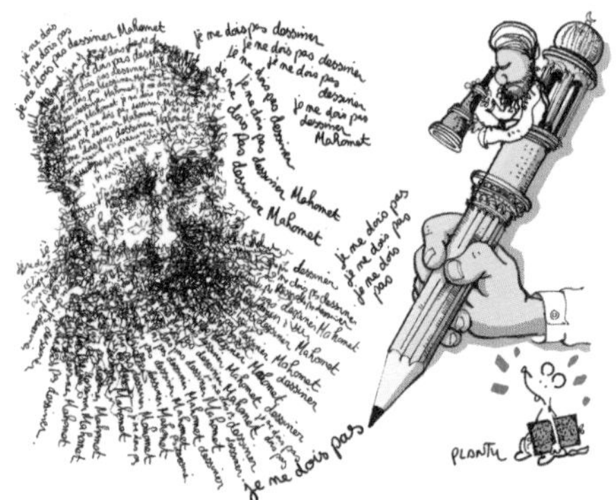

02

03

04

이전의 활동

1991년 플랑튀는 전시회 때 야세르 아라파트를 만나 자신의 그림에 대한 반응을 들었다. 아라파트는 플랑튀 그림 위에 이스라엘 국기에 있는 다윗의 별을 그리고 색을 칠하고 서명했다. 다음 해 이스라엘 외무장관 시몬 페레스가 같은 자료에 서명했다. ☞ 01

2005년 9월 30일 덴마크 일간지 《율랜츠포스텐》은 '무함마드의 얼굴들'이라는 제목으로 12편의 예언자 풍자화를 실었다. 이 만화는 전 세계에 전파될 것이고 격렬한 논쟁을 불러일으킬 것이다…. 플랑튀와 수많은 시사만평가들은 덴마크 만화가들에 대해 지지를 표명했다. ☞ 02

2006

'카투닝 포 피스'의 탄생과
심포지엄 '불관용을 잊다-평화를 위해 그림을 그리다'
(10월 16일, 뉴욕, 국제 연합 본부) ☞ 03

덴마크 만화가들에게 '파트와'(이슬람법에 따른 결정이나 명령)가 내려지고 나서 그들은 신문, 잡지 내 자신들의 역할과 독자에 대한 책임을 고심하지 않을 수 없었다. 국제연합은 창립 회담을 준비했다. 국제연합 사무총장이자 노벨 평화상 수상자인 코피 아난과 플랑튀는 세계 각지의 12명의 만화가를 초대했다.

2007

'평화를 위한 그림' 전
(4월 11~27일, 파리 문화부) ☞ 04

'카투닝 포 피스'의 맨 처음 전시회는 전 세계 20명의 예술가의 100여 편의 그림을 통해 시사만평이 평화를 증진하는 데 어떻게 기여할 수 있는지 보여주었다. 전시회는 파리, 뉴욕, 제네바, 브뤼셀에서 일 년 내내 열렸다.

만화, 시사만평, 유머 국제 살롱전
(9월~10월, 생 쥐스트 르 마르텔, 오트 비엔)

2007년 이래 CFP는 생 쥐스트 르 마르텔에서 열린 만화, 시사만평, 유머 국제 살롱전의 파트너였다. 국제적으로 명성이 높은 이 살롱전은 10개의 전시회를 소개하고 해마다 100여 명의 만화가가 그들의 생각을 표현할 기회를 준다.

'인권과 만남을 위한 시사만평' 전
(12월 10~11일, 로마)

1948년의 세계인권선언 60주년을 축하하고 인권 국제 기념일을 맞아 이탈리아 내각 총리실과 CFP는 시사만평과 인권을 위한 전시회와 2일간의 만남을 준비했다. 20여 명의 만화가가 토론에 참여했다.

2008

예루살렘, 홀론, 라말라알, 베들레헴 전시회와 만남
(6월 16~18일, 이스라엘-팔레스타인) ☞ 05

CFP는 이스라엘, 팔레스타인의 만화가들과 전 세계 만화가들을 예루살렘, 베들레헴에서 열린 '카투닝 포 피스' 전시회에 초대했다.

웰링턴, 오클랜드 전시회와 만남
(11월 10~15일, 뉴질랜드)

웰링턴과 오클랜드에서의 일련의 만남에 시사 문제를 토론하기 위해 전 세계에서 온 20여 명의 만화가가 모였다.

'크로키 허가증' 전
(2008년 12월 6일, 2009년 3월 8일, 파리 시립 역사 도서관) ☞ 06

세계인권선언 60주년을 맞아 '크로키 허가증' 전시회는 18개국 26명의 예술가를 모아 현대 시사만평의 개관을 제안했다. 우선 파리 시립 역사 도서관에서, 다음으로 님의 까레 다르에서 열린 전시회는 시사만평과 만화의 진정한 세계 일주를 보여주었다.

2009

'지중해에서 내게 평화를 그려줘' 전
(9월 18일~10월 31일, 마르세유)

CFP는 지중해와 그 주변 국가에 관심을 가졌다. '지중해에서 내게 평화를 그려줘' 전시회가 지역의 호텔에서 열렸다.

2010

평화와 언론 자유를 위한 만화가들의 국제 포럼
(2월 8~28일, 보고타, 콜롬비아 현대 미술관) ☞ 07

평화와 언론 자유를 위한 만화가들의 국제 포럼에서 CFP는 지역의 알리앙스 프랑세즈의 지원으로 열린 보고타 현대 미술관의 '평화를 위한 그림' 전시회를 개최했다. 티그누(《샤를리 에브도》에 총격으로 2015년 1월 7일 파리에서 사망했다)는 이 포럼에 초대받은 사람 중 한 명이었다.

'1면 시사만평' 전
(2010년 6월 24일~2011년 1월 9일, 렌느)

전시회는 '행동의 자유'와 CFP 협회의 만남으로 기획되었다. 전시회는 글과 그림을 결합함으로써 크로키에 말을 부여한 선택의 결과물이었다. 예술 작업의 재평가를 넘어 전시회는 정보를 주고, 고발하고, 소통하고, 우리 사회의 관습과 변화를 밝히는 등의 '만화'의 여러 기능에 대해 질문했다.

05

06

07

08

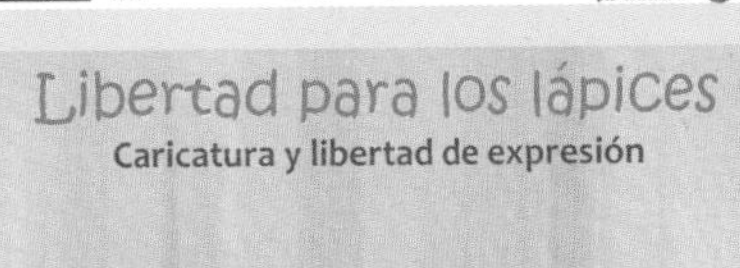

09

10

'사형에 반대하는 카투닝 포 피스' 전
(10월 4일~11월 4일, 블루아 역사의 만남 페스티벌)

CFP는 사형에 반대하는 싸움에 대해 특별한 관심을 표명했다. 시사만평 덕분에 아주 오래된 이 관습에 대해 많은 것을 알게 되었다.

2011

시사만평 국제 대회와 오노레 도비에 상
(4월 22~23일, 캉 기념관) ☞ 08

캉 기념관은 CFP가 구상한 대규모 상설 전시회를 열었다. '의견의 의무' 전시회는 다섯 개의 큰 주제인 무력 충돌, 북남 불평등, 인권, 기후 문제, 검열, 터부와 금기 등에 관한 시사만평을 소개했다. 수많은 CFP의 만화가가 다시 만났다. 이 행사에서 중국의 여성 만화가 샤에게 첫 번째 오노레 도미에 상을 수여했다. 두 번째 만남에서 2012년 4월 14~15일, 4000명 이상이 나왔다. 튀니지의 여성 만화가 튀니지에서 온 윌리스가 오노레 도미에 상을 받았다.

2012

시사만평 국제상의 첫 번째 수여와 '카투닝 포 피스' 전
(5월 3일, 제네바) ☞ 09

세계 언론의 자유 날에 스위스의 '카투닝 포 피스', '평화를 위한 그림' 재단은 시사만평가들에게 경의를 표했다. 관용과 자유, 상의 가치를 고려했을 때 그들의 재능과 특별한 기여, 참여는 인정받고 격려받고 지지받을 만했다. 노벨 평화상 수상자이자 CFP의 명예 회장인 코피 아난과 제네바 시장인 피에르 모데는 4명의 이란 만화가들인 마나 네예스타니, 키아누슈, 피루제 모자파리, 하산 카림자데에게 시사만평 첫 국제 상을 수여했다.

연필에게 자유를! 만화와 표현의 자유, 전시회
(6월 25일~7월 8일, 페루 리마) ☞ 10

CFP는 리마의 협회와 시청, 리마의 미술 문화 센터, 페루 프랑스 대사관, 일간지《공화국》이 주관한 만화와 표현의 자유 국제 주간의 발표에 참석하기 위해 처음으로 페루에 갔다. '연필에게 자유를! 만화와 표현의 자유' 전시회는 사회 운동을 병행했다.

'민주주의를 그리다' 전 (10월 6~20일, 스트라스부르) ☞ 11

CFP는 스트라스부르에서 민주주의 세계 포럼의 일환으로 '민주주의를 그리다' 전시회를 열었다. 시리아의 만화가이자 2011년 사하로프 상 수상자인 알리 페르잣이 베르니사주에서 주빈이었다. 2011년 8월 그는 무장을 하고 복면을 한 사람들에게 공격을 받아 두 손이 망가졌다. 손을 다시 회복한 후 바트당 체제에 맞선 자신의 사명을 이어가고 있다.

11

'에로 주, 자유로운 선 긋기' 페스티벌 (11월 15~17일, 몽펠리에) ☞ 12

CFP와 에로 주 의회, 랑그독-루시옹 언론 클럽은 시사만평 국제 페스티벌을 열기 위해 협력했다. 첫 번째 활동은 물을 주제로 전 세계에서 온 시사만평가 29명을 맞이했다. 축제 기간 시작된 '흘수선' 전시회에서 물에 관한 150편 이상의 그림을 소개했다. 공해, 자연재해, 지구 온난화는 물론 뿐만 아니라 기쁨과 여유에 관한 그림도 전시했다.

12

'지중해 지역에서의 시사만평' 전 (11월 27일, 12월 16일, 파리, 메종 데 메탈로)

튀니지의 독재자 벤 알 리Ben Ali가 도피한 날짜인 2011년 1월 14일 이후 시사만평가들은 즐거운 시간을 보냈다. 전시회의 그림들과 만화 영화나 상영된 다큐멘터리는 열정과 변화를 보여주었다. 종교, 이민, 정치 체제 혹은 여성 지위의 변화와 같은 오늘날 지중해 지역을 말해주는 여러 주제가 다루어졌다. 2012년은 알제리 독립 50주년을 기념하기 때문에 전시회는 이 나라의 상황에 특히 주의를 기울였다.

2013

'카투닝 포 피스' 교육적인 순회 전시 시작 ☞ 13

CFP는 시사만평의 교육적인 가치를 이용하여 사회의 큰 문제에 미소로 반응을 보였다. 교육적 사명은 창립 이후 협회의 중심 활동이었다. 수년 전부터 CFP는 가능한 한 가장 넓은 층의 젊은이들과 만나고 교사들에게 적합한 도움을 주려는 목적에서 프랑스 교육 기관에 순회 교육 전시회를 제안했다.

'석방된 그림' 전과 경매(5월 15~26일, 칸 영화제)

경매 회사 피아사와 공동으로 튀니지에서 온 윌리스(튀니지), 딜렘(알제리), 키치카(이스라엘), 플랑튀(프랑스) 등의 만화가들이 참석한 가운데 경매가 CFP의 활동을 위해 열렸다. 판매를 목적으로 한 전시회가 칸 영화제 동안 팔레 데 페스티벌에서 열렸다.

13

14

15

16

'이방인의 눈으로 본 것들' 전
(7월 17~21일, 외무부, 파리)

한 달 동안 파리는 디아스포라의 세계 수도였고, 외국에 세워진 국가 공동체들에 관한 정부 부처 회담이 열렸다. 이 기회를 빌어 CFP는 외무부의 철문 위에 작품을 전시했다. 외국인의 모습을 우스꽝스럽게 꾸민 온갖 상투적인 표현을 유머러스하게 다룬 프랑스와 외국의 시사만평가들의 40여 편의 작품들이 전시되었다.

'카투닝 포 피스' 전
(9월 13일~12월 8일, 헤이그, 네덜란드)

네덜란드의 알리앙스 프랑세즈, 평화의 궁전의 카네기 재단과 공동으로 헤이그에서 열린 전시회는 인권과 표현의 자유 침해에 관한 전 세계 시사만평가들의 시각을 소개했다. 미소와 웃음 혹은 도발을 통해 만화는 관람객들에게 주변의 어리석은 일에 저항할 것을 부추겼다.

'SOS, 시사만평에 물이 새고 있어' 전
(2013년 11월 18일~2014년 3월, 물 전시관, 파리) ☞ 14

물 문제는 21세기 초부터 중요한 쟁점이었지만 환경과 기후 재앙을 제외하고 언론에서 잘 다루어지지 않았다. CFP는 파리 수도국과 공동으로 물 전시관에서 환경을 주제로 한 90편 그림을 전시했다.

2014

'에로 주, 자유로운 선 긋기' 페스티벌의 두 번째 전
(4월 5~6일, 몽펠리에)

여성들이 '에로 주, 자유로운 선 긋기'의 두 번째 전시회를 기념하여 참석했다. '그녀들이 가방을 비웠어!'라는 프로그램의 대규모 전시회에서 몽펠리에에 온 50개국 200점의 그림들이 소개되었다. 시사만평 세계에 나타난 여권女權의 상황에 관한 유일한 증언을 볼 수 있었다.

시사만평 국제상과 '전 세계의 전쟁' 전
(5월 3일, 제네바) ☞ 15

세계 언론 자유의 날에 제네바시와 CFP 스위스 재단이 수여하는 시사만평 국제상이 재단의 명예 회장인 코피 아난에 의해 이집트 여성 도아 이라들Doaa Eladl과 시리아의 팔레스타인인 하니 압바스에게 수여되었다.

'만화가들-민주주의의 병사들' 다큐멘터리의 개봉
(5월 19일, 칸 영화제) ☞ 16

CFP의 회원이기도 한 12명의 국제 시사만평가들과 '만화가들-민주주의의 병사들' 팀이 비경쟁 부문에 공식 선정된 영화의 시사회 참석을 위해 칸 영화제 계단을 올랐다.

'전 세계의 전쟁' 전
(6월 28일~7월 12일, 세계 웜 페스티벌, 사라예보, 보스니아 헤르체고비나)

CFP는 1차 세계대전 발발 100주년을 기념한 '전 세계의 전쟁' 전을 전시하며 세계 웜WARM 페스티벌의 사전 개막전에 참여했다.

'얼마나 어리석은 전쟁인가!' 전
(10월 1~31일, 파리, 포럼 데 알) ☞ 17

포럼 데 알과 포럼 데 지마주, UGC 시네 시테 레 알은 같은 건물에 100여 편의 그림을 전시했다. 그 중 한 곳은 '얼마나 어리석은 전쟁인가!'라는 선동적인 감정을 우리가 더 크게 외치도록 이끌었다. 10월 1일 베르니사주 때 '만화가들-민주주의의 병사들' 다큐멘터리의 특별 상영이 영화 팀이 참석한 가운데 있었다.

2015

폴 베르 중학교 학생들과의 만남
(2월 11일, 말라코프, 오 드 센)

1월의 비극적인 테러 다음 날 CFP는 교육부 장관인 나자트 발로 벨카셈과 문화, 공보부 장관인 플뢰르 페를렝과 함께 학생들에게 가서 표현의 자유의 목적과 시사만평가의 직업상 위험에 관심을 가지게 했다.

예루살렘에서 '카투닝 포 피스'의 만남
(2월, 예루살렘) ☞ 18

이스라엘과 팔레스타인 만화가들이 CFP에 3일 동안 모였다. 예루살렘 도서전과 영화 감상실에서 있은 '만화가들-민주주의의 병사들'의 영화 상영, 프랑스 영사관의 뜻깊은 교류 등의 일환으로 토론의 기회가 있었다.

'1914~2014년, 내게 전쟁을 그려줘 : 전쟁에 관한 시사만평가들의 시선' 전
(3월 16일, 파리 롱 푸엥 극장)

바렌 재단과 '100주년의 사명'의 후원으로 실현된 새로운 순회 전시회인, '내게 전쟁을 그려줘' 전이 1914년에서 우리 시대에 이르는 100년을 점철한 피로 물든 분쟁을 시사만평가들의 시선으로 지켜보았다. 롱 푸엥 극장에서 만화가들인 플랑튀와 크롤, 예술사가인 베르트랑 틸리에, 주간지 《르1Le 1》의 대표인 에릭 포토리노는 시사만평을 통한 전쟁의 재현에 대해 토론했다.

유럽과 필리핀 만화가들의 만남
(5월 6~8일, 필리핀, 마닐라) ☞ 19

유럽문화원연합EUNIC의 협력으로 CFP는 유럽의 5명의 만화가와 필리핀의 6명의 만화가의 만남을 기획했다. 플랑튀는 일간지 《필리핀 데일리 인콰이어러》에 모르 이슬람 해방 전선의 대표 모하거 익발Mohagher Iqbal을 그렸다. 이 그림은 종교적 긴장으로 뒤흔들리는 이 나라에서 평화의 훌륭한 상징이 되었다.

17

18

19

20

'지속 가능한 발전 목표 17개' 전, 유럽 발전의 날(6월 3~4일, 브뤼셀)

유럽 위원회는 유럽 발전의 날을 기획하여 국제 협력에 관한 유럽 포럼을 개최했다. CFP는 새천년에 도달할 17개의 지속 가능한 발전 목표를 대단히 큰 규격의 삽화로 그려서 일 년간의 만남에 참여했다.

센-생-드니 의회 교육 기관의 교육 아틀리에(3월~6월) ☞ 20

CFP는 도의 10개 교육 기관에 '평화를 위한 그림'을 소개했다. 프로젝트와 관련된 각 학급은 이 행사에 초대된 글레즈, 튀니지에서 온 윌리스, 보닐 등 세 명의 만화가 중 한 사람과 한 시간의 작업에 참여했다. 6월 10일, 학생들은 《르 몽드》의 초대를 받았다.

브라질의 '카투닝 포 피스' (7월, 리우데자네이루)

CFP는 리우데자네이루 주재 프랑스 영사관에서, 여러 교육 기관과 리우와 포르투알레그레의 문화원에서 '카투닝 포 피스'를 소개했다.

멕시코의 '카투닝 포 피스' (9월 1~5일, 멕시코)

시사만평의 라틴아메리카 클럽인 카툰 클럽은 필로의 첫 만남을 계기로 멕시코와 유럽의 동료들과 더불어 조직의 회원인 만화가들을 초대했다. 플랑튀, 보닐, 레이마, 아레스, 볼리간, 신시아 볼리오, 페네, 엘 피스곤, 안토니오 안투네스 등 CFP의 모든 만화가가 일련의 만남과 마스터 클래스에 참여했다.

21

'전 세계의 시사만평', 표현의 자유에 관한 국제 심포지엄 (9월 21일, 이에나 궁, 경제, 사회, 환경 이사회 본부, 파리)

☞ 21

2015년 1월의 테러가 전 세계에 불러일으킨 충격과 우리 사회의 구성원들 사이에서 깊어지고 있는 격차에 대한 자각으로 인해, 시사만평과 표현의 자유와 관련된 만남과 대화의 공간을 만들 필요성이 그 어느 때보다도 절실했다. 철학자 레지스 드브레와 만화가 플랑튀의 생각에서 비롯된 '전 세계의 시사만평' 심포지엄이 전 세계의 시사만평가들을 비롯해 지식인들, 대학교수들, 신학자들, 정계, 문화계, 시민사회계의 대표자들을 초대한 가운데 공개 토론의 장을 만들었다.

'내게 지중해를 그려줘' 교육 전시회의 개막
(11월 10일, 마르세유)

CFP는 오늘날 지중해 지역의 문제를 다룬 새로운 순회 전시회를 제한했다. 마르세유의 '빌라 메디테라네'에서 일반 공개 전에 시사된 교육적 사전 점검이 교육 기관들과 프로방스-알프스-코트 다쥐르 지역의 사회, 문화 조직들에 제공되었다.

인권을 위한 만화, 전시회와 회담
(12월 15~16일, 스트라스부르, 유럽 의회) ☞ 22

인권 증진에 지난 10년간 힘을 쏟은 CFP는 스트라스부르에서 일련의 사건들을 소개하기 위해 유럽 위원회에 참가했다. CFP의 회원이자 유럽연합의 회원국을 대표하는 28명의 시사만평가들이 그들의 그림을 통해 의식을 깨어나게 하고 주요한 토론을 돕는 데 기여하기 위해 참석했다.

2016

'이것은 유럽이 아니다!' 전
(2월 21일~6월 26일, 몽스 기념관, 벨기에) ☞ 23

'이것은 유럽이 아니다!' 전은 유럽 27개국과 다른 나라에서 온 만화가 49명의 유럽 사회에 관한 시선을 소개했다. 100여 편의 시사만화로 구성된 전시회는 유럽의 정체성의 위기에 대해 성찰할 기회를 주었다. 전시회는 극단주의자의 움직임 증가, 이민자 문제, 경제 위기의 결과, 포퓰리스트 담론의 만연이나 숨어 있던 민족주의의 확산과 같은 다양한 주제를 다루었다.

시사만평 국제상
(3월 3일, 제네바) ☞ 24

세계 언론 자유 기념일에 제네바시와 '카투닝 포 피스' 스위스 재단이 수여하는 '카투닝 포 피스' 국제상이 재단의 명예 회장인 코피 아난에 의해 만화가 가도(케냐)와 주나르(말레이시아)에게 수여되었다.

'평화를 위한 그림' 전
(6월 4일~8월 28일, 디나르) ☞ 25

이 전시회에는 CFP의 회원인 만화가 58명의 200여 편의 만화가 소개되었다. 성찰과 관용을 돕고 세계 평화에 기여하기 위한 진정한 호흡과 자유의 창을 확인할 수 있었다. 전시회는 2016년 10월이면 창립 10주년이 되는 CFP의 탄생일을 기념하기 위한 행사이기도 했다.

22

23

24

25

'카투닝 포 피스'

전 세계 147명의 만화가 조직

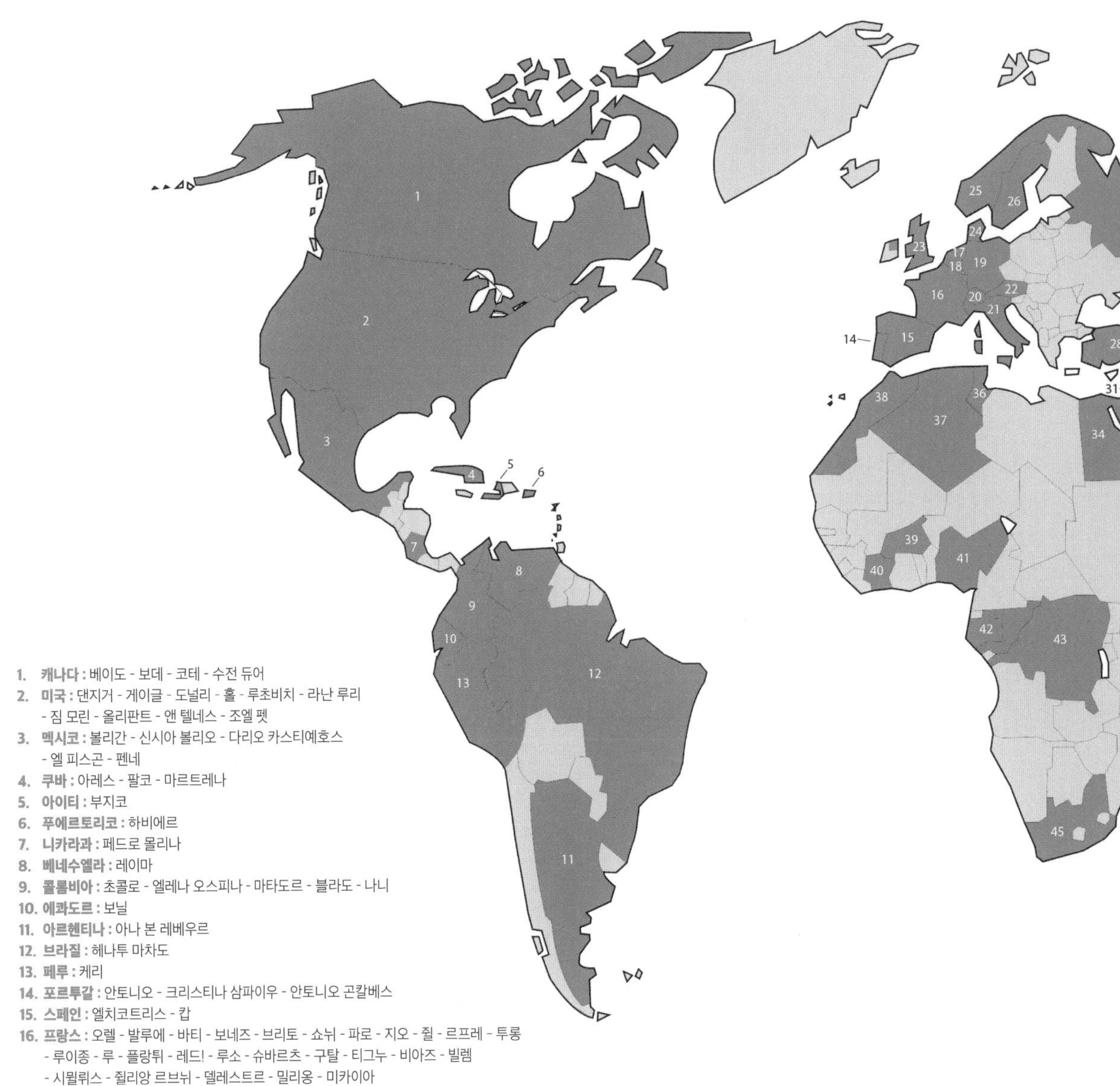

1. **캐나다 :** 베이도 - 보데 - 코테 - 수전 듀어
2. **미국 :** 댄지거 - 게이글 - 도널리 - 홀 - 루초비치 - 라난 루리 - 짐 모린 - 올리판트 - 앤 텔네스 - 조엘 펫
3. **멕시코 :** 볼리간 - 신시아 볼리오 - 다리오 카스티예호스 - 엘 피스곤 - 펜네
4. **쿠바 :** 아레스 - 팔코 - 마르트레나
5. **아이티 :** 부지코
6. **푸에르토리코 :** 하비에르
7. **니카라과 :** 페드로 몰리나
8. **베네수엘라 :** 레이마
9. **콜롬비아 :** 초콜로 - 엘레나 오스피나 - 마타도르 - 블라도 - 나니
10. **에콰도르 :** 보닐
11. **아르헨티나 :** 아나 본 레베우르
12. **브라질 :** 헤나투 마차도
13. **페루 :** 케리
14. **포르투갈 :** 안토니오 - 크리스티나 삼파이우 - 안토니오 곤칼베스
15. **스페인 :** 엘치코트리스 - 캅
16. **프랑스 :** 오렐 - 발루에 - 바티 - 보네즈 - 브리토 - 쇼뉘 - 파로 - 지오 - 쥘 - 르프레 - 투롱 - 루이종 - 루 - 플랑튀 - 레드! - 루소 - 슈바르츠 - 구탈 - 티그누 - 비아즈 - 빌렘 - 시뮐뤼스 - 쥘리앙 르브뉘 - 델레스트르 - 밀리옹 - 미카이아
17. **네덜란드 :** 티에이르트 로이아르츠 - 윱 베르트람스 - 마르턴 볼테링크

18. 벨기에 : 세실 베르트랑 - 크롤 - 바도 - 마렉 -렉트르

19. 독일 : 하야티 보야치오글루 - 플라스만 - 미리암 부르슈터

20. 스위스 : 알렉시아 파파도풀로스 - 베네딕트 - 카로 - 샤파트 - 믹스 앤 리믹스 - 데부메 - 헤르만

21. 이탈리아 : 알탄 - 마우로 비아니 - 포라티니 - 가토 - 지아넬리 - 파비오 마니아스쿠티

22. 오스트리아 : 하데러

23. 영국 : 크라우제

24. 덴마크 : 그라베크 - 론 - 라스 레픈 - 카밀라 비흐만 - 보프 카츠넬존

25. 스웨덴 : 리베르

26. 노르웨이 : 쿠탈

27. 러시아 : 츠라트코프스키

28. 터키 : 피얄레 마드라 - 라미제 에레르 - 으젤 로젠탈 - 세미흐 포로이

29. 이란 : 피루제 - 하산 - 마나 네예스타니 - 파얌 보루만드 - 스하흐로크 헤이다리

30. 이스라엘 : 아비 카츠 - 샤이 차르카 - 유리 핑크 - 키치카

31. 팔레스타인 : 부카리 - 칼릴

32. 요르단 : 에마드 하자즈 - 오사마 하자즈

33. 레바논 : 스타브로

34. 이집트 : 바고리

35. 시리아 : 하니 압바스

36. 튀니지 : 튀니지에서 온 윌리스

37. 알제리 : 바키 - 딜렘 - 레 힉 - 나심 - 슬림

38. 모로코 : 궤다르

39. 부르키나파소 : 글레즈

40. 코트디부아르 : 조오레

41. 나이지리아 : 타요

42. 가봉 : 파에

43. 콩고 : 카쉬 - 움바

44. 케냐 : 가도

45. 남아프리카 : 자피로 - 브란단 레이놀즈

46. 모리스 섬 : 포브

47. 사우디 아라비아 : 야지드

48. 파키스탄 : 사비르 나자르

49. 인도 : 파레쉬

50. 말레이시아 : 주나르

51. 싱가포르 : 헹-미엘

52. 중국 : 샤

53. 일본 : 노리오

54. 뉴질랜드 : 스코트

55. 오스트레일리아 : 캐시 윌콕스

“당신을 그리고 있습니다. 웃어요.”

SOURIEZ VOUS ÊTES DESSINÉ

CHIMULUS

시뮐뤼스(프랑스)

감사의 말

'카투닝 포 피스' 협회는 도움을 주신 모든 분에게 진심 어린 감사의 말을 전합니다.

앙투안 갈리마르(이 책의 제목을 정하는 데 도움을 주었다), 이봉 지라르, 린 카루비, 나탈리 바이외, 셀린 기샤르, 장 노엘 무레, 안 라가리그, 클로틸드 슈발리에, 캐시 페이즈, 멜라니 라예, 마뉘엘 데토르, 베아트리스 포티, 피에르 게스테드와 갈리마르 출판사 그룹, 레지스 드브레, 로르 칼텐바크, 장 레이마리, '전 세계의 시사만평' 심포지엄의 발언자와 만화가들 모두(2015년 9월 21일, 파리).

장 폴 들르부와이에(경제 사회 환경이사회 전 의장)와 팀원 전체. 크리스티앙 르 루, 프랑수아 라슈린, 크리스틴, 탕델, 플로랑스 퐁타니, 클레르 본티에, 알렉상드라 텍시에, 마뉘엘라 퀴비오, 비르지니 클레리스, 아네 로브, 레베카 토마시앙, 니콜라 세두, 콩스탕스, 네벤 미미카, 페르난도 프루투오주 드 멜로, 로트 크누센, 파트리스 르노르망, 장 루이 빌과 파니 라푸르카드(유럽 위원회, 국제개발협력 총국), 할렘 데시르와 이안 들로네(대 유럽문제 장관), 이자벨 캉탱 외즈와 아리안 메르카텔로(프랑스 전력공사 재단), 안 조르제, 쥘리 베르투첼리와 베로니크 부를롱(라 스캉), 모리스 레비, 올리비네 플뢰로, 페기 나마니, 사브리나 피테아와 뤼시 메를렝(퓌블리시스 그룹), 파스칼 나심, 안 드 모페우와 티보 쇼켈(마르셀), 마티외 루와이에와 그의 팀(프로디지우), 아네스 베, 윌리엄 마세, 아넬리즈 랑뒤로, 쥘리에트 슈발리에, 아누크 바델과 세브린 카뮈제(아네스 베), 베르나르 에미, 알렉시스 앙드레와 스테파니 로네(알제리 프랑스 대사관과 알제리 프랑스 문화원), 시프 우라바MGEN, 카트린 캉토POSCA, 올리비에 푸아브르 다르보르, 상드린 트레네, 비르지니 노엘과 사빈 니엘(프랑스 퀼튀르), 에릭 숄, 소피-안 델롬, 뤽 브리앙, 리드빈 케르벨라와 폴-보리스 부젱(쿠리에 엥테르나시오날), 마리-크리스틴 사라고스와 프랑수아즈 올망(프랑스 메디아 몽드), 이브 비고, 넬리 벨라예프, 비살 비자위(TV5 몽드), 베로니크 카일라, 프랑수아즈 르카르팡티에와 스테파니 가바르뎅(아르테), 에릭 포토리노, 나탈리 티리에와 마르티나 마그리(르 1), 제롬 페놀리오, 질 반 코트, 브리지트 빌리아르, 에블린 라퀴, 마를렌 고도와 아니 캉(르 몽드).

도미니크 알뒤, 프랑수아즈 상페르망, 질베르 베이레, 프랑스 로크, 앙리 루이 도르퐈이, 장-프랑수아 쥘리아르, 블라디미르 바작('카투닝 포 피스' 이사회), 마리 외즈, 기 메탕, 프레데릭 프리취('카투닝 포 피스' 재단), 안 바르조, 클레르 세르니오, 클로에 튀프로, 베로니크 르페브르, 디미트리 라르쉐, 메트 레옹, 알리스 그라시, 롤라 보네, '카투닝 포 피스' 봉사자들과 이 책의 출간에 도움을 주신 모든 분께.

옮긴이 후기

만평, 표현의 자유와 한계 사이에서*

2015년 1월 7일 이슬람 근본주의자로 알려진 쿠아시 형제가 프랑스의 풍자 주간지 《샤를리 에브도》의 사무실을 급습해 12명이 사망한 사건은 나흘 뒤 수백만 명의 시민을 길거리에 몰려나오게 만들었을 정도로 전 세계에 큰 충격을 주었다. 이 사건은 같은 해 11월의 '파리 테러'와 다음 해 혁명 기념일의 '니스 테러'로 이어지면서 민족, 종교, 정치 문제가 뒤섞여 일어난 일련의 테러로 평가된다. '샤를리 에브도' 테러로 희생당한 사망자 명단에 샤르브, 카뷔, 티그누, 오노레와 같은 풍자 만화가들이 있었다는 사실은 상대적으로 덜 주목을 받았다. 전 세계의 풍자 만화가들은 자신들이 그린 풍자화나 만화가 검열이나 소송의 대상이 되는 것을 넘어 누군가의 증오를 불러일으킬 수 있다는 사실을 새삼스럽게 깨달았다.

샤를리 에브도 테러를 계기로 전 세계의 시사만평가들이 파리에 모여 '모든 국가의 시사만평'이라는 주제로 2015년 9월에 국제 심포지엄을 개최했다. 그 중심에는 2006년 이후 '카투닝 포 피스'라는 이름으로 활동하는 시사만평가들의 국제 조직이 있었다. 이들은 심포지엄과 협회의 10주년 활동성과를 정리해 이 책을 출간했다. 이 책은 시사만평의 역사, 언론의 자유와 그 한계, 제3세계에서의 시사만평가들의 활동 등을 소개하고 있다. 시사만평의 역사가 그리 길지 않고 표현의 자유를 둘러싼 사회적 갈등이 세련되지 않은 방식으로 일어나는 우리에게 참고할 만한 내용이 많은 책이다.

유럽에서 풍자화의 역사는 종교개혁과 관련해 16세기에 교황을 조롱하는 그림이 나왔을 정도로 오래되었다. 19세기에는 배 모양으로 변신한 국왕 루이 필립을 통해 동시대인들의 욕구불만과 열망을 담아낸 샤를 필리퐁이 있었고, <1834년 4월 15일, 트랭스노냉의 거리>의 학살이라는 그림으로 민중봉기의 희생자를 그린 오노레 도미에가 있었다. 《샤를리 에브도》 역시 이와 같은 오랜 풍자화의 전통을 계승한 만평 주간지로 볼 수 있다. 풍자화와 만평의 역사가 오래된 만큼 작가와 언론에 대한 탄압과 검열의 역사도 오래됐다. 도미에는 정치 풍자화로 감옥에 수감됐고 프랑스의 월간지 《할복자살》은 드골의 죽음을 풍자해 정간 당했으며 《샤를리 에브도》에 그림을 기고한 만화가들은 심지어 살해당했다.

《샤를리 에브도》의 풍자화는 '표현의 자유'와 관련해 또 다른 근본적인 문제를 제기하고 있다. 테러의 원인이 정권 공격이나 기독교 풍자가 아니라 타종교인 이슬람, 그것도 무함마드에 대한 조롱이었기 때문이다. 우리는 표현의 자유의 한계 혹은 관용의 한계와 관련해서 타종교나 사회적 금기도 풍자의 대상이 될 수 있는지 묻는다. 예를 들어 이슬람교도들에게는 무함마드를 이미지로 나타내는 것이, 이스라엘인들에게는 홀로코스트를 풍자의 대상으로 삼는 것이 금기시되어 있다. 이 책에서 시사만평가들 사이에 합의가 가장 이뤄지지 않는 논쟁이 바로 종교를 풍자의 대상으로 볼 수 있느냐의 문제다. 말하자면 '나는 샤를리다'라고 외칠 수 있는 자유와 '나는 샤를리가 아니다'라는 주장이 부딪치는 셈이다. 이 문제와 관련해서 프랑스의 통계 인류학자 에마뉘엘 토드는 《샤를리는 누구인가?》에서 볼테르가 말한 신성모독의 자유는 자신의 종교에 관한 것이지 타인의 종교에 관한 것이 아니라고 말하며, 프랑스 내 소수종교이자 사회적 약자인 이슬람에 대한 풍자는 표현의 자유의 한계를 넘어섰다는 주장을 분명히 한다.

'표현의 자유'와 관련해서 프랑스의 전 문화부 장관 자크 랑은 1789년의 인권 선언 11조, "사상과 의견의 자유로운 소통은 인간의 가장 소중한 권리들 중 하나다. 따라서 모든 시민은 자유롭게 말하고 글을 쓰고 출판할 수 있다. 단 법에 규정된 경우에는 이 같은 자유의 남용에 대해 책임을 져야 한다"라는 본질적인 규정이 그 기준이 될 수 있다고 말한다. 문제는 '자유의 남용'이 무엇이고 그 한계가 어디까지이며 그것을 어떻게 누가 정할 것인가 판단하는 일이다. 우리나라에도 "작가가 그 만평을 게재한 동기, 그 만평에 사용된 풍자나 은유의 기법… 그 만평이 독자들에게 어떠한 인상을 부여하는가를 기준으로 삼아야 한다"라는 상당히 구체적으로 보이면서도 한편으로는 자의적으로 해석될 수 있는 대법원 규정이 있다. 이 책에서 에콰도르의 만평가 보닐의 "나는 내가 말하는 것에 책임이 있습니다. 하지만 당신은 당신이 해석하는 것에 책임이 있습니다"라는 말도 기억에 남는다. 글이 아닌 한 편의 풍자화와 만평이 세상을 움직일 수 있다는 사실이 놀랍기만 하다.

* 이 글은 2018년 5월 17일 《교수신문》에 게재한 서평임을 밝힌다.

저작권

모든 사진

© Cartooning for Peace

예외

© Accent Visuel-Jean Haeusser : 193쪽(이미지 22)
© Alain Potignon : 191쪽(이미지 17)
© AP / John Marshall Mantel : 186쪽(이미지 03)
© BPK, Berlin, Dist. RMN-Grand Palais / Ruth Schacht : 18쪽(이미지 01)
© Coco / Charlie Hebdo : 67쪽
© David Delaporte : 178쪽(J.-Delevoye)
© Hannah-Cerf : 178쪽(J.-F. Colosimo)
© Isis Ascobereta / Cartooning for Peace : 191쪽(이미지 18), 192쪽(이미지 20), 193쪽(이미지 24)
© Jérôme Tripier-Mondancin : 190쪽(이미지 16), 192쪽(이미지 21)
© JF Paga : 178쪽(D. Horvilleur)
© Le Monde : 94쪽 아래
© Marie Thiery : 189쪽(이미지 11)
© Martin Argyroglo : 25쪽(이미지 02)
© Olivier Rolfe : 182쪽(이미지 03), 183쪽(이미지 08, 11, 12), 190(이미지 14)
© Photo C. Hélie / Gallimard : 179쪽(Ory)
© Reuters / Stéphane Mahé : 25쪽(이미지03)
© Riss / Charlie Hebdo : 96쪽 오른쪽 위, 97쪽
© Sisi Cheung : 182쪽(이미지 01, 02, 04, 05, 06), 183쪽(이미지 07, 09, 10)
Avec l'aimable autorisation de Jean-Marie Gourio : 96쪽 왼쪽 위
Droits réservés : 18쪽(이미지02), 19쪽, 20쪽, 22쪽, 178쪽(H. Béji, R. Debray, H. Désir, J.-N. Jeanneney), 179쪽(L. Kaltenbach, G. Kiejman, J. Lang, C. Taubira, N. Vallaud-Belkacem, J.-L. Ville), 186쪽(이미지 01, 04), 187쪽(이미지08)

© Adagp, Paris, 2016, pour le dessin de François Kupka : 20쪽
Droits réservés, pour le dessin de Ralph Soupault : 22쪽

세상 모든 시사 카툰

평화를 그리는 147인의 비폭력 투쟁

펴낸날 초판 1쇄 2019년 12월 30일

지은이 카투닝 포 피스
옮긴이 박아르마
펴낸이 김현태

편집인 박은영
표지디자인 차민지
본문디자인 화이트노트
마케팅 김하늘 이지혜

펴낸곳 책세상
주소 서울시 마포구 잔다리로 62-1, 3층(04031)
전화 02-704-1251(영업부), 02-3273-1334(편집부)
팩스 02-719-1258
이메일 bkworld11@gmail.com
광고·제휴 문의 bkworldpub@naver.com
홈페이지 chaeksesang.com
페이스북 chaeksesang 트위터 @chaeksesang
인스타그램 @chaeksesang 네이버포스트 bkworldpub
등록 1975. 5. 21. 제1-517호
ISBN 979-11-5931-438-4 03330

* 잘못되거나 파손된 책은 구입하신 서점에서 교환해드립니다.
* 책값은 뒤표지에 있습니다.

이 도서의 국립중앙도서관 출판예정도서목록(CIP)은 서지정보유통지원시스템 홈페이지 (http://seoji.nl.go.kr)와 국가자료종합목록 구축시스템(http://kolis-net.nl.go.kr)에서 이용하실 수 있습니다.(CIP제어번호: CIP2019050574)